Dr. Hans Alex Thomas

Im Irrgarten

Dr. Hans Alex Thomas

Im Irrgarten

Gedanken und Notizen zur geistigen Lage in Kirche und Staat

Dieser Titel erschien erstmals 2017
im Verlag Pro Business GmbH mit der ISBN 978-3-86460-638-0

Hans Thomas
Im Irrgarten
Gedanken und Notizen zur geistigen Lage in Kirche und Staat
1. Auflage 2020
© Lichtzeichen Verlag, Lage
Coverbild: Shutterstock, csp 224130124
Printed in Germany
ISBN: 978-3-86954-450-2
Bestell-Nr. 548450

Vorwort

Wach auf, wach auf, du deutsches Land!
Du hast genug geschlafen.
Bedenk, was Gott an dich gewandt,
Wozu er dich erschaffen.
Bedenk, was Gott dir hat gesandt
Und dir vertraut sein höchstes Pfand,
Drum magst du wohl aufwachen.

Dieser Gesangbuchvers ist heute wieder von besonderer Aktualität. Die vorliegende Arbeit will darum durch Informationen und Denkanstöße mithelfen, diesen Prozess des Aufwachens in Bewegung zu bringen.

Um zeitnah auf die rasanten Veränderungen unserer Zeit eingehen zu können, habe ich auf fest umrissene Kapitel verzichtet, sondern Gedankenblöcke mehr oder weniger verbunden nebeneinander gestellt. Eine fortlaufende gedankliche Linie wird man dennoch entdecken können.

Ein Hauptanliegen war es mir, in das verwirrende Dickicht und Dunkel heutiger Meinungen einige erhellende Schneisen zu schlagen. Dabei ließ es sich nicht vermeiden, die führenden Meinungsmacher in Kirche, Staat und Medien kritisch zu hinterfragen. Es versteht sich, dass das Widerspruch finden wird. Da wird mir wohl nichts anderes übrigbleiben, als mich an das

Frankenlied „Wohlauf, die Luft geht frisch und rein" zu halten, wo es in der zweiten Strophe heißt:

Wie gerne wär ich mitgewallt,
Ihr Pfarr' wollt mich nicht haben.
So muss ich seitwärts durch den Wald
Als räudig Schäflein traben.

Dr. Hans Thomas im Januar 2017

* * *

Die Handlungsweise Angela Merkels in der Migrationskrise wird als „christlich" und „barmherzig" bezeichnet. Es ist aber sehr die Frage, ob sie das wirklich ist. Thomas von Aquin lehrt: „Gerechtigkeit ohne Barmherzigkeit ist Grausamkeit; Barmherzigkeit ohne Gerechtigkeit ist die Mutter der Auflösung." Und der Prager Kardinal und Primas der Tschechen, Dominik Duka, warnt: „Mitgefühl und Emotion ohne vernünftiges Verhalten führen in die Hölle."[1] Václav Klaus, der frühere tschechische Staatspräsident resümiert: „Wir sind darüber entsetzt, dass der heutige Konflikt in Europa als Konflikt zwischen Altruismus und Xenophobie als eine moralische Frage dargestellt wird. Nein. Es ist ein Konflikt zwischen Moralismus (nicht Moral) und gesundem Menschenverstand. Zwischen dem falschen und nur vorgegebenem Humanismus und menschlicher Verantwortung. Das Benehmen von Frau Merkel ist nicht moralisch, sondern nur moralistisch."[2]

In dem Artikel *Antworten der Philosophen* beschäftigt sich der Jurist Dr. Björn Schumacher mit der Asylgewährung im Spiegel der Ethik. Dabei erwähnt er u. a. den englischen Romancier Thomas Hardy, der 1895 sein Denken in dem Satz bündelte: „Tue nichts Unmoralisches aus moralischen Gründen." Dann kommt er zu Kants Schrift *Zum ewigen Frieden* (1795), die den Aufenthaltsstatus von Ausländern behandelt. Kant proklamiert ein „Weltbürgerrecht", das er freilich „auf die Bedingungen der allgemeinen Hospitalität einschränkt", das kein Bleiberecht beinhaltet. Das Recht werde verletzt, wenn dem Besucher „fremder Länder und Völker" das Besuchen „mit dem Erobern derselben für einerlei gilt". Schließlich erwähnt er noch utilitaristische Ethiker wie Jeremy Bentham (1748-1832) mit seinem Grundsatz „Denke vom Ende her" (*Respice finem*), und handle so, dass die sittlichen Vorteile deiner Handlung deren Nachteile überwiegen. Als nicht mehr legitim gilt die Handlung, wenn der Akteur böse Folgen absichtlich herbeiführt oder diese – wie beim Asylchaos – überhandnehmen. Für Schumacher zeichnet sich daher zusammengefasst ab, „dass ein alle Migranten umfassender Flüchtlingsbegriff keine christliche Grundierung hat. Er soll die Umverteilungspropaganda grünstichiger Kirchenfunktionäre veredeln, die amorphe ‚Flüchtlings'-Scharen mit Maria, Josef und Jesus gleichsetzen oder beim Thema grenznaher Transitzonen über Konzentrationslager halluzinieren. Eine wachsende Zahl Christen stößt diese häretische Mixtur aus Kollektivschuld, Mainstream-Sozialismus und halbfertiger Bibelexegese ab. Über Jahrhunderte bot das protestantische Pfarrhaus geistige Orientierung, heute nur noch Mitleid. ‚Affektierte Humanität' ist keine tragfähige politische Kategorie. Hinter dem freundlichen Gesicht der ‚Willkommenskultur' verbirgt sich die Fratze deutscher Nationalneurosen. Konsequent zu Ende gedacht, fordern alle Ethiken mit staatsphilosophischem

Anspruch eine enge, volksverträgliche Obergrenze beim Asyl. Sie wäre auch juristisch unbedenklich. ‚Kollidierendes Verfassungsrecht' beziehungsweise ‚immanente Schranken', also höherwertige Verfassungsprinzipien, begrenzen im Konfliktfall das Individualgrundrecht auf Asyl."[3]

Eine halbe Million abgelehnter Asylbewerber leben z. Zt. in Deutschland, drei Viertel davon bereits länger als sechs Jahre. So die Antwort der Bundesregierung auf eine Anfrage der Linkenfraktion im Bundestag. Dazu äußert sich der Stellvertretende Vorsitzende der CDU/CSU-Fraktion im Deutschen Bundestag Hans-Peter Friedrich in der *Bild*-Zeitung: „Wer zulässt, dass abgelehnte Asylbewerber dem Staat derart auf der Nase herumtanzen, zerstört das Vertrauen der Bürger in die Handlungsfähigkeit des Staates."

Wie Wolfgang Bosbach in seinem Buch *Endspurt* (2016) ausführt, haben wir dazu noch „seit vielen Monaten an unseren Grenzen einen Kontrollverlust, weil wir dort jeden einreisen lassen, der einen Asylantrag stellt – auch wenn die Person keine Ausweisdokumente mit sich führt, also die ansonsten zwingend vorgeschriebene Passpflicht nicht erfüllt" (S. 202). Die Bundespolizei schätzt, dass mehr als jeder zweite Flüchtling mit unsicherer Identität einreist, was zu großen und langwierigen Schwierigkeiten beim Anerkennungsverfahren aber auch bei einer etwaigen Rückführung führt.

Was die biblische Begründung für die kirchliche „Flüchtlings"-politik anbelangt, so ist diese schon oft auf den ersten Blick als zurechtgebogen und exegetisch falsch erkennbar. Es ist z. B. ganz und gar abwegig, aus der Gastfreundschaft Israels das Recht auf Einwanderung ganzer Völkerscharen mit einem anderen Glauben abzuleiten. Die Israeliten hätten niemals ihre Nachbarn, die Moabiter, Ammoniter, Edomiter, Hethiter, Philister, Amalekiter etc. in Scharen in ihr „gelobtes Land" kommen lassen. Dieses große Gottesgeschenk und der damit verbundene Jahweglaube wäre ja dadurch in Frage gestellt worden. Vielmehr hat man sich gegen die heidnischen Länder scharf abgegrenzt.

Der Soziologe Prof. Hans Joas (Berlin) sagt mit Recht: „Die evangelische Kirchenführung in Deutschland tut derzeit so, als würde aus dem Ethos des Christentums eindeutig ein Eintreten für eine liberale Migrationspolitik folgen. Das ist aber nicht so. Deshalb dürfen die Gegner einer liberalen Migrationspolitik nicht in den Anruch des Unchristlichen gebracht werden."[4]

Menschen in Not muss geholfen werden. Wenn der Staat das tut, muss er es geordnet tun: mit weltweit bekanntgemachten Regeln und Auflagen, unter Beachtung der Verhältnismäßigkeit und unter Wahrung seiner Identität. Es dürfen keine Illusionen zugelassen werden, die eine Sogwirkung entfalten und hinterher schwer zu korrigieren sind. Bei akuten Notlagen – wie im Falle der in Ungarn gestrandeten Flüchtlinge – kann er u. U. eine kurzfristige Ausnahme machen, wenn er so schnell kein ordentliches Verfahren herstellen kann, muss dann aber schnellstmöglich zu geordneten Abläufen zurückkehren. Es ist keine Diskriminierung von Menschen, wenn dabei notgedrungen Prioritäten gesetzt werden. Wie Kriegsflüchtlinge aus Syrien Vorrang vor Wirtschaftsflüchtlingen haben, so sollten auch Christen, die nicht nur von Krieg, sondern zusätzlich noch von Mord und Unterdrückung bedroht sind, bevorzugt werden. Schließlich heißt es auch in der *Bibel*, dass man zwar jedermann Gutes tun solle, „allermeist aber an des Glaubens Genossen" (Gal. 6,10). Es ist legitim, dabei auch an eigene Interessen zu denken. Der Einzelne mag sich über seine Kraft hinaus verausgaben und aufopfern, der Staat darf das im Interesse aller nicht tun. Von einem Bischof erwartet man mit Recht, dass er für alle Geschundenen dieser Erde da ist. Ein Staatsmann kann sich das nicht leisten. Im Christentum gibt es so etwas wie unbedingte Liebe, auch um den Preis der Selbstaufgabe und des Totgeschlagenwerdens. Darf man so etwas aber auch Nichtchristen oder einem ganzen Volk verordnen? Kein Philosoph, kein Kirchenvater und kein namhafter Theologe hat das jemals empfohlen und keine Kirche als weltliche Organisationsform hat so etwas jemals praktiziert.

Luther unterschied klar zwischen weltlich notwendigem und geistlichem Handeln. Würde er als Bürger sich wehren müssen, „da wollt ich Richter und Fürst seyn und das Schwert getrost führen ... und ein guth Werk gethan haben. Wenn man mich aber angriffe als einen Prediger, ums Euangelii willen, so wollte ich mit gefalteten Händen meine Augen gen Himmel heben, und sagen: Mein Herr Christe, hie bin ich, ich habe dich bekennet, geprediget et.; ists nu Zeit, so befehl ich meinen Geist in deine Hände; und wollt also sterben."[5]

An jenem denkwürdigen Silvesterabend 2015 besuchte die ehemalige Dombaumeisterin Barbara Schock-Werner um 18.30 Uhr mit mehreren Tausend Menschen die Jahresabschlussmesse im Kölner Dom. Sie erlebte „einen bisher an Silvester noch nie erlebten massiven Raketen- und Böllerbeschuss. Immer wieder war das Nordfenster des Doms rot erleuchtet, weil Rakete auf Rakete dagegen flog. Und durch die Böller war es sehr laut. Ich hatte zeitweise Angst, dass Panik ausbricht." Das war für sie eine bewusste Störung des Gottesdienstes und ein Angriff auf eines der wichtigsten Symbole des christlichen Abendlandes. Es ist bezeichnend, dass dieses Geschehen, trotz der zahlreichen Schilderungen dieses Abends, von kaum einem Medium erwähnt wurde. Nur Alice Schwarzer thematisierte diesen Punkt.[6]

Mehrere Denker bescheinigen Deutschland einen schwärmerischen Wesenszug:

„Ein eigentümlicher Fehler der Deutschen ist, dass sie, was vor ihren Füßen liegt, in den Wolken suchen." (Arthur Schopenhauer)

„Franzosen und Russen gehört das Land,
Das Meer gehört den Briten.
Wir aber besitzen im Luftreich des Traums
Die Herrschaft unbestritten." (Heinrich Heine)

„Deutsche opferten sich recht eigentlich für die Menschheit, gaben ihren Nationalcharakter preis, um Weltbürgerrollen zu spielen und wurden – nichts." (Karl Julius Weber, 1767-1832)

Luther hatte in seiner Zeit sehr mit den Schwärmern zu kämpfen. Man sollte nicht glauben, diese Spezies gäbe es nicht mehr, nur weil man nicht mehr von ihnen redet.

Der Freiburger Staatsrechtler Dietrich Murswiek sieht eine Politik der Einwanderung ohne Obergrenzen nicht mit dem *Grundgesetz* vereinbar, weil „das Prinzip der Nationalstaatlichkeit der verfassungsrechtliche Rahmen" der Migrationspolitik sei: „Die Regierung darf nicht die Identität des Volkes, dem sie ihre Legitimation verdankt, strukturell verändern [...] Indem die Bundeskanzlerin eine Entscheidung trifft, die sich auf die Identität des Volkes und auf den Charakter des Staates als des Nationalstaates dieses Volkes gravierend auswirkt, ohne das Volk zu fragen, macht sie sich selbst zum Souverän. Das ist mit dem Prinzip der Volkssouveränität nicht vereinbar" (*Junge Freiheit,* Nr. 36/16, S. 7). In einem Aufsatz über *Nationalstaatlichkeit, Staatsvolk und Einwanderung* arbeitete er scharf heraus, dass das *Grundgesetz* ein Staatsvolk voraussetzt, das „in einer großen Mehrheit aus ethnisch Deutschen besteht und dass diejenigen, die eingebürgert werden, sich sprachlich-kulturell assimilieren oder jedenfalls integrieren."[7]

Neuerdings sagt die Kanzlerin „Deutschland wird deutsch bleiben". Obwohl viele, wenn nicht alle Indikatoren dagegen sprechen, wird aber nicht gesagt, wie das geschehen soll. Es ist eine Missachtung des Volkes, „von dem die Macht ausgeht", es mit ein paar hingeworfenen Sätzen und Mantras abzuspeisen oder einfach monatelang zu schweigen und es dann mit einigen – wahrscheinlich taktisch gemeinten – Bemerkungen ruhigzustellen.

Die Kanzlerin wie auch das Medien- und Politikestablishment wollen das besorgte Volk damit beschwichtigen, dass bei gut 80 Millionen Einwohnern in Deutschland, eine Asyleinwanderer-Million doch kaum ins Gewicht falle; man habe nur „irrationale Ängste". Solche „einfachen Antworten" der Immigrationsverharmloser berücksichtigen aber nicht die seit Jahrzehnten eingewanderten Ausländer, die schon da sind. In Berlin z. B. hat der Anteil der ausländischen Einwohner Anfang 2016 die Dreißig-Prozent-Marke erreicht; zusammen mit fast einer halben Million deutscher Staatsangehöriger mit Migrationshintergrund zählen sie 1,1 Millionen. Im Bezirk Mitte und in anderen zentralen Stadtteilen stellen sie bereits die Mehrheit. Überproportional vertreten sind sie bei den jüngeren Jahrgängen. Das lässt ermessen, wohin die Reise geht.

„Zuerst in den Großstädten, später im ganzen Land werden ethnische Deutsche zur Minderheit in der eigenen Stadt und im eigenen Land werden", sagt der Publizist Michael Paulwitz.[8] Gerade die jüngeren Jahrgänge werden bei diesem Prozess entscheidend sein – und natürlich auch die Menschen, die auf dem Wege des Familiennachzugs noch kommen werden. Den Worten des Diakoniechefs Ulrich Lilie (Berlin) zufolge haben in Frankfurt 72 % der Kinder unter drei Jahren einen Migrationshintergrund. In fast allen Städten mit etwa 500.000 Einwohnern sähen die Zahlen ähnlich aus.[9] Paulwitz: „Man braucht nicht viel Phantasie, um sich vorzustellen, wie tiefgreifend sich das Bevölkerungsbild verändern wird, wenn in den nächsten beiden Jahrzehnten die jetzigen, von Abstammungs-Deutschen dominierten Rentnerjahrgänge mit zunehmendem Alter, Krankheit und Tod aus der Öffentlichkeit abtreten und die ebenfalls überwiegend abstammungsdeutschen geburtenstarken Jahrgänge der heute 45- bis 65-jährigen, die derzeit auf dem Höhepunkt ihres Berufslebens stehen und den Großteil der für Transferleistungen benötigten Steuern und Abgaben erwirtschaften, das Rentenalter erreichen, selbst auf Transferleistungen angewiesen sind und sich sukzessive ebenfalls aus dem Straßenbild zurückziehen: Der Sozial- und Umverteilungsstaat, wie wir ihn kennen, wird auf seinem heutigen Niveau nicht mehr finanzierbar sein, seine Einwohnerschaft wird nicht mehr von ethnischen Deutschen geprägt sein, sondern von einer multikulturellen Mischbevölkerung." Geht man durch die Zentren der Großstädte, sieht man ja heute schon, wie sehr sich das Straßenbild verändert hat.

Paulwitz folgert aus den Angaben des Statistischen Bundesamtes (Destatis): „Millionen junger arabischer und afrikanischer Männer treffen also auf 15 Millionen in Deutschland ansässige Männer zwischen 15 und 45, von denen rund 3,5 Millionen selbst einen ‚Migrationshintergrund' haben. Der Nachschub ist unerschöpflich: Hunderte Millionen sitzen nach Schätzungen des Ökonomen Gunnar Heinsohn auf gepackten Koffern. Überwiegend sind es zweite, dritte und vierte Söhne, chancenlos in der Heimat, die fordernd und mit hohen Ansprüchen auftreten, ohne an Ausbildungswillen und Leistungswillen auch nur entfernt in der Lage zu sein, in absehbarer Zeit den als selbstverständlich erwarteten Wohlstand selbst zu erarbeiten. Harte Verteilungskämpfe werden die Folge sein, bei denen die Einzelkinder der durch Überalterung pazifierten Deutschen, von den bereits anwesenden und neu hinzugekommenen Einwanderern und ihren höheren Geburtenraten unerbittlich majorisiert, zwangsläufig den kürzeren ziehen werden. Auch sexuelle Übergriffe werden als Folge des importierten Männerüberschusses weiter zunehmen."

Die grüne Spitzenfrau Katrin Göring-Eckardt, die z. Zt. als Vizekanzlerin bei einem etwaigen Koalitionswechsel im Gespräch ist, sieht die Zukunft da durchaus realistischer als die Kanzlerin, wenn sie seinerzeit bei der Grenzöffnung sagte: „Unser Land wird sich verändern, und zwar drastisch." Sie fügte allerdings den Satz hinzu: „Und ich freue mich darauf." Und das wiederum lässt dann doch an ihrem Realitätssinn zweifeln. Der größte Teil der Bevölkerung – einschließlich der heimisch gewordenen Ausländer – freut sich jedenfalls nicht. 57 % der Deutschen haben Angst vor einer Islamisierung ihres Landes und 59 % befürchten, dass durch die Flüchtlinge Kriminalität und Terror nach Deutschland kommen. Auch bei den Muslimen teilt jeder Vierte diese Sorge. 36 % der Bürger glauben, dass die Mehrheit der Flüchtlinge in Deutschland bereit ist, sich zu integrieren, 42 % aber glauben das nicht.[10]

Der frühere SPD-Politiker und Theologieprofessor Richard Schröder verweist in der Tageszeitung *Die Welt* vom 3. Januar 2017 darauf, dass allein die 50.000 unbegleiteten minderjährigen Flüchtlinge des vergangenen Jahres für weitere 250.000 Zuzugsberechtigte sorgen werden – unabhängig von denen, die ohnehin kämen. Ein Flüchtling unter achtzehn Jahren koste mit seiner Rundumbetreuung monatlich 5000 Euro. Die 50.000 aus 2016 kosteten also 3000 Millionen Euro. Die Eltern würden ihre Kinder vorschicken, damit sie später nachkommen könnten. Deswegen solle man die Kinder zurückschicken und dort in den sicheren Lagern, woher sie kommen, für sie sorgen. „Man wird dort mit weit weniger als 5000 Euro pro Flüchtling und Monat Wunder bewirken können." Güte werde nur respektiert, wenn sie sich mit Strenge verbinde, sonst gerate sie unter den Verdacht der Dummheit. Wenn sich herumspreche, dass man die Deutschen leicht betrügen könne, „sind wir diskreditiert". Schröder resumiert: „Ich möchte uns den Vorwurf machen, dass wir uns hinters Licht führen, unsere Güte missbrauchen lassen und dabei noch als die besseren Menschen fühlen, während die Nutznießer unserer diesbezüglichen Naivität über uns lachen."

Sicherlich wird es gut integrierte Ausländer geben, die eine Bereicherung für das Land sind und manchmal sogar richtig gute Patrioten werden, die Deutschland lieben und sich um das Land sorgen. Als Beispiele seien hier Professor Bassam Tibi genannt und der verfemte Akif Pirinçci, der seine in der Presse bewusst missdeutete Dresdener Rede mit dem Stauffenberg-Satz „Es lebe das heilige Deutschland" abschließen wollte und sein Buch „Umvolkung" mit dem traurigen Fazit abschließt: „Was bleibt, ist die Erinnerung an ein wunderschönes Land. Zumindest das." Aus vielen ähnlichen Beispielen sei auch das der jungen Jesidin und Bloggerin Ronai Chaker genannt, die bekannte: „Ich kann nicht verstehen, warum deutscher Patriotismus so etwas Verdächtiges sein soll. Die Türken, die Kurden und alle anderen dürfen in Deutschland ihre Flaggen zeigen. Aber wehe, die Deutschen tun das – wenn nicht gerade WM ist."[11]

Oder denken wir an den vielfach preisgekrönten, aus dem Libanon stammenden, Regisseur, Filmautor und Fernsehjournalisten Imad Karim. Für den WDR hat er früher Filme über Flüchtlinge und Verfolgte realisiert, die auch in vielen anderen Fernsehanstalten gezeigt wurden. Er bekam dafür internationale Filmpreise und ist sogar zweifacher Träger des *ARD-CIVIS-Preises für Integration.*

Heute sagt er: „Ich verstehe nicht, was sich hier vor meinen Augen abspielt. Ich verstehe den Sinn dieser offenen Grenzen nicht." Und er hat viele Fragen: „Warum ermutigt man Menschen, dass sie aus ihren Heimatländern fliehen und somit entwurzelt in Deutschland ankommen? […] Die Menschen sind entweder innerhalb Syriens oder in die Anrainerstaaten geflüchtet. Sie waren stets im Blickkontakt mit ihrer Heimat. […] Warum erstellt das Bundesamt für Integration bereits 2014 einen Anwerbefilm, damit die Flüchtlinge ermutigt werden, nach Deutschland zu kommen? […] Wo waren die Humanisten unter uns als das UN-Welternährungsprogramm das Geld für die Flüchtlinge in den bereits existierenden Flüchtlingsunterkünften dort verkürzte? Ein Bruchteil des Geldes, der heute für die Angekommenen ausgegeben wird, hätte gereicht. […] Und warum glaubt die Mehrheitsgesellschaft, dass sie in der Lage ist, diese Millionen Menschen, deren Sozialisierung bereits abgeschlossen ist, hier neu zu resozialisieren? Was ist das für eine neue Form des Kulturkolonialismus, arrogant, ignorant, fahrlässig und keinesfalls human. […] Mir ist wirklich rätselhaft, warum wir unsere gesunden Sozialsysteme mutwillig destabilisieren. Damit tun wir weder der aufnehmenden Gesellschaft noch den Neuankömmlingen (mittel- bis langfristig) einen Gefallen. […] Was ist daran human, einer siebenköpfigen afghanischen Familie, die bisher in ihrer Heimat mit 40 € pro Monat über die Runden kam, hier aber in Deutschland Monat für Monat mit 1700 Euro zu versorgen (Wohnung, Krankenversorgung, Schulbildung werden extra bezahlt), anstatt solche Summen vor Ort zu zahlen, mit denen 40 Familien unterstützt werden könnten? [...] Warum schweigen unseren ‚Humanisten', wenn es darum geht, dass die westlichen Regierungen gigantische Waffengeschäfte mit Regimen wie Saudi-Arabien machen, die z. B. Länder wie Syrien stabilisieren? Vielleicht kann mir unser noch Bundesminister, Herr Gabriel das erklären! Und warum höre ich immer ‚Aleppo brennt' aber nicht Saana oder Aden im Jemen brennen?"

Karim hat am 16. Oktober 2016 auf Facebook seinen überaus bewegenden Text veröffentlicht. Er stellt noch viele andere gewichtige Fragen, die wir hier nicht alle aufgreifen können, die man aber zur Kenntnis nehmen sollte. Vor Jahren kam er an seinen früheren Wohnort Neukölln zurück und erkannte den Stadtteil nicht mehr. Er dachte, er sei in Kabul. Seine früheren arabischen linken Freunde von damals waren alte bärtige Männer geworden. Von ihren deutschen Frauen hatten sie sich scheiden lassen und als neue Frauen junge Araberinnen, Cousinen von ihnen, nach hier geholt. Und: „Alle sind fromme und gläubige Muslime geworden, die felsenfest davon überzeugt sind, Deutschland wird in naher Zukunft islamisch und die Christen oder Juden, die nicht zum Islam konvertiert werden wollen, müssten dann Kopfsteuer (Jizia) zahlen und sich damit abfinden, Menschen zweiter Klasse zu sein." Seine ‚Freunde' von damals sagten ihm auf seine Frage hin: „Ja, wir müssen Hindus, Buddhisten und sonstige Götzenanbeter töten. Bitte verstehe uns nicht falsch, wir haben nichts gegen diese Leute, aber wir müssen Gottes Befehl folgen."

Karims Bericht schließt mit den Worten: „Ich bin im Begriff, mein Deutschland zu verlieren. Ich kam als Fremder nach Deutschland und es nahm mich mit aller seiner Kraft auf. Heute kommt Deutschland fremd zu mir und ich weine Bluttränen, weil ich es nicht mehr schützen kann. Ich bin mit 57 nicht mehr jung, aber ihr meine Kinder, rettet Deutschland, und das ist ein humanistischer und kein chauvinistischer Aufruf. Stoppt den Siegeszug der Barbarei. Sagt Merkel und der gesamten politischen Elite, den Grünen, den Medien, der Gerichtsbarkeit und allen, dass ihr entscheidet, wer zu Euch kommt und wer nicht, denn das ist Euer legitimes Selbstbestimmungsrecht als Volk. Erinnert Cem Özdemir daran, dass ich nicht den Film *Cem Özdemir – der Spätzletürke* gemacht hätte, wenn ich gewusst hätte, dass er über die Köpfe der Menschen hier entscheidet, wer oder was zu Deutschland gehört. Und vergesst nicht, mir mein altes Deutschland wiederzugeben, auch, wenn ich nicht mehr da bin. Imad Karim, Ex-Muslim und verrückt nach Deutschland und nach Freiheit, Fernsehautor und Humanist."

Der aus Ägypten stammende, ebenfalls um Deutschland besorgte, profunde Denker und Islamkenner Hamed Abdel-Samad urteilte: „Wenn in Deutschland Islamisten problemlos auftreten und Zehntausende Erdogan-Anhänger auf offener Straße für die Todesstrafe plädieren, und gleichzeitig ein Schriftsteller daran gehindert wird, seine Thesen zu erklären, dann bewegt sich dieses Land eindeutig in die falsche Richtung. Dann sind die Rechten nicht das Hauptproblem, sondern nur das Produkt einer planlosen Laissez-faire-Politik."[12]

Die Stadt Dortmund hatte eine Diskussionsveranstaltung mit ihm aus Angst vor Krawallen abgesagt. Hamed Abdel-Samad ist unglaublich tapfer, um seiner warnenden Botschaft willen, obwohl er ermordet werden soll. Die Stadt Dortmund aber gibt ein weiteres Beispiel deutschen Zurückweichens vor der Gewalt. Über wirklich zu Deutschen gewordene Ausländer hinaus wird es auch viele Menschen geben, die an einem freiheitlich-säkularen Geist Gefallen finden. Weitere werden von der freundlichen Hilfsbereitschaft mancher Christen beeindruckt sein und ihr bisheriges Weltbild langsam korrigieren, sogar zum Christentum konvertieren. Der Großteil der Einwanderer wird aber – wie bisher auch – mit wachsender Zahl von Eigeninteresse geleitete Parallelgesellschaften bilden, die immer weniger integrationsbereit, wenn nicht sogar feindlich eingestellt sind. Die Erfahrung zeigt ja, wie gerade Muslime sich in der Fremde, was auch verständlich ist, mehr auf ihr Eigenes besinnen als in der Heimat, sich enger zusammenschließen und sich von der neuen Kultur bis in die Kleidung hinein bewusst distanzieren.

In Erfurt lehrt der in Syrien geborene, kurdischstämmige Politologe Prof. Dr. Ferhad Ibrahim Seyder. Zuvor dozierte er in Berlin, Potsdam, Bremen, Konstanz, Stockholm, Amman und Kairo. Er hat eine überaus reiche Erfahrung mit islamischen Ländern und islamischen Bewegungen und spricht Deutsch, Arabisch, Kurdisch und Englisch. Mit den deutschen ‚Islamverstehern' geht er hart ins Gericht, weil zum Beispiel „das, was der Islamische Staat praktiziert, seit hundert Jahren theoretisch an den islamischen Lehranstalten gelehrt wird". Er fährt fort: „Angesichts dessen frage ich mich wirklich, wie man überhaupt zu der Behauptung kommen kann, dabei handele es sich um eine Fehlinterpretation. Mir ist das schleierhaft. Ja, es hört sich für mich sogar wie ein Witz an." Ein orthodoxes Verständnis des Islam „gehört zum Curriculum eines jeden, der etwa in Kairo, Riad, Amman, Mekka oder einer anderen bedeutenden islamischen Uni studiert."

Der Behauptung, der eigentliche Islam sei eine Religion des Friedens, entgegnet er: „Wenn Sie ernsthaft über den Islam als eine ‚friedfertige Religion' sprechen möchten, wird es schwierig. Denn dann müssten Sie zuvor etwa die Hälfte des *Korans* außer Kraft setzen. Ganz abgesehen vom Leben des Propheten – das im Islam eine große Rolle spielt und oft alles andere als friedfertig war. […] Ich meine nicht, dass sich Christentum und Islam so leicht vergleichen lassen […] Entscheidend für ersteres ist das vom Wirken Jesu Christi geprägte *Neue Testament*. Dort stehen tatsächlich Frieden und Liebe im Mittelpunkt. Der Islam dagegen ist eine Art ‚alttestamentarische' Religion, die zum Beispiel wirklich kein Problem mit Gewalt hat. Jesus war sozusagen ‚viel weiter' als Mohammed." Seyder betrachtet den Islam mit Recht als „Textreligion". Ohne den *Koran* im Prinzip außer Kraft zu setzen sowie das Leben des Propheten kritisch zu beleuchten, würde eine Zivilisierung kaum gelingen. Im Gegenteil ginge die Tendenz gerade in eine andere Richtung: hin zur Orthodoxie und Verknöcherung – Al-Qaida und der IS zeigten die Richtung an. Der Bevölkerung werde etwas „vorgegaukelt".

Den Satz „Der Islam gehört zu Deutschland" findet er „schlicht fahrlässig. Denn er beinhaltet, dass damit alles, was der Islam vertritt, auch zu Deutschland gehört". Er fragt sich deshalb: „Wissen jene, die so etwas sagen, eigentlich, was sie da sagen?" Für die Zukunft sieht er in Deutschland „mehr islamischen ‚Wildwuchs', mehr Abkapselung und mehr Fundamentalismus", außerdem einen entstehenden Vielvölkerstaat. Seyder: „Das Abenteuer, in Deutschland einen Vielvölkerstaat zu gründen, könnte katastrophale Folgen haben. Denn Vielvölkerstaaten zerfallen einer nach dem anderen. Schauen Sie nach Jugoslawien, Sri Lanka, Zypern, Irak, Libanon, Libyen, Syrien. Nicht einmal Belgien funktioniert richtig – obwohl es ein europäisches Land ist. Der Vielvölkerstaat ist ein gescheitertes Modell. Dennoch steuern deutsche Politiker ihn an. Ich kann nur warnen [...] Es gibt in Deutschland auch Angehörige der Elite, die tatsächlich meinen, Deutschland sollte so viele Einwanderer wie möglich aufnehmen – ja, nicht nur so viele wie möglich, sondern sogar über seine Möglichkeiten hinaus [...] Es werden einfach so viele sein, dass sie sich erst recht nicht integrieren. Statt dessen werden sie immer mehr Forderungen stellen – das ist dann der Vielvölkerstaat."

Als Folge sieht Seyder – was man auch jetzt schon beobachten kann – den Staat immer illiberaler werden: „Im Klartext: Liberaler Staat und Masseneinwanderung schließen einander aus. Entweder – oder. Das wird aber in Deutschland nicht verstanden. Statt dessen glaubt man, die Lage in den Griff zu bekommen, indem man Kompromisse macht. Nehmen Sie die Islamkonferenz. Wozu braucht Deutschland eine Islamkonferenz, wenn es eine Verfassung hat? Die gilt doch für alle. Die Islamkonferenz aber ist nichts anderes als eine Extrawurst – ein Zurückweichen des Staates und eine Relativierung der Verfassung. Der Staat hat keine Kompromisse mit gesellschaftlichen Gruppen zu machen. Wo kämen wir hin, wenn er das mit allen machen würde? Nein, der Staat darf sich nicht zu einer innenpolitischen Appeasementpolitik hinreißen lassen. Motto: ‚Ihr bekommt Extrawürste – bloß keine Bomben!' Die Bomben kommen sowieso."[13]

Es ist unbegreiflich und verantwortungslos, wenn die deutschen Entscheidungsträger solche kompetenten und wohlmeinenden Ratgeber wie Professor Seyder und manch andere Persönlichkeiten „mit Migrationshintergrund" übersehen und unbeachtet lassen und sich stattdessen lieber einem utopischen Wunschdenken hingeben. Wie unfähig und kenntnisarm muss man eigentlich sein, wenn man solche Sätze wie „Der Islam gehört zu Deutschland" in die Welt setzt, die nur zu neuen Forderungen führen? Aber man hat sich in der jahrzehntelangen Einwanderungspolitik und Multikulti-Propaganda derart verheddert, dass man nun nach allen möglichen Auswegen suchen muss. Die Geister, die man rief, die wird man nicht mehr los. Wie sagte doch die Kanzlerin genervt im Kabinett? „Ist mir egal, ob ich schuld am Zustrom der Flüchtlinge bin. Nun sind sie halt da" (Quelle: Tweet von Dr. Hugo Müller-Vogg, ehemaliger Mitherausgeber der *FAZ*, Verfasser mehrer Politbücher, Publizist der *Bild*-Zeitung etc.). In diesem Stil wird heute Politik gemacht. Erst werden die Probleme leichtfertig herbeigeführt, dann ergehen die moralistischen Aufrufe, man solle mit ihnen fertig werden.

Überall in Westeuropa ist die Scharia auf dem Vormarsch. In den Parallelgesellschaften wird immer mehr geduldet: Vielweiberei, Essensregeln, Stadtteilpatrouillen etc. In Deutschland hielt 2012 der rheinland-pfälzische Justizminister Jochen Hartloff (SPD) islamische Scharia-Gerichte „grundsätzlich" für möglich. In der Strafjustiz wird immer wieder mit zweierlei Maß gemessen, weil fallweise der „kulturelle Hintergrund" z. B. bei Ehrenmorden berücksichtigt wird.

Weit verbreitet ist vor allem unter arabischen Einwanderern die Paralleljustiz muslimischer „Friedensrichter", die die reguläre Justiz umgehen und aushebeln. Haben muslimische Frauen im Ausland eine polygame Ehe geschlossen, haben sie hierzulande trotz des geltenden Mehreheverbots Unterhalts-, Erbrechts- und auch Rentenansprüche. Das Oberlandesgericht Bamberg erkannte die Ehe einer minderjährigen Syrerin mit ihrem Cousin als rechtmäßig an, was eine Diskussion über die Zunahme von Kinderehen auslöste.

Auch Asylunterkünfte sind Brückenköpfe der Scharia-Ausbreitung. Hier gelten die muslimischen Speisevorschriften. Im Ramadan müssen Nicht-Muslime mit der Essensausgabe bis Sonnenuntergang warten. Das Personal hat Überstunden zu leisten. Gerüchteweise war zu vernehmen, dass bei der Bundeswehr die Essbestecke der Muslime von denen der anderen getrennt würden. Verwunderlich wäre es nicht.

In den anderen Staaten Westeuropas sind die Regelungen oft noch viel grotesker und umfassender. In Großbritannien sprachen sich 2008 der führende Richter des Landes und der Erzbischof von Canterbury Rowan Williams vehement für die Einführung der Scharia in das britische Justizwesen aus. Seit 1996 wuchs die Anzahl der Muslim-Schiedsgerichte auf etwa 85. Wo muslimische Einwanderer in der Mehrheit sind, setzen sie skrupellos ihre Scharia-Regeln durch. In Birmingham unterwanderten sie staatliche Schulen und funktionierten sie in Islam-Schulen um. Im Land gibt es etwa hundert islamisch dominierte Enklaven. Dort wird islamisches Verhalten eingefordert. Die Polizei ist angewiesen, solche Bezirke nur mit „Erlaubnis" der Muslimführer zu betreten und die Uniform möglichst zu vermeiden. Auf politische Korrektheit wird von staatlichen und privaten Arbeitgebern streng geachtet. Christliche Symbole sollen nicht getragen werden, um die Muslime nicht zu „provozieren". Tannenbäume werden zu Weihnachten nicht aufgestellt. Da es in den muslimischen Bezirken keinen Alkoholismus gibt und entsprechende Regeln rigoros durchgesetzt werden, gibt es für den Staat sogar eine gewisse Entlastung. So konnte die jetzige Premierministerin Theresa May sagen, viele Briten hätten von der Scharia-Einführung „stark profitiert". Die Freiheit des christlichen Bürgers freilich wird im muslimischen Sinne eingeschränkt.

In Frankreich gibt es schätzungsweise 750 „rechtlose Bezirke", vor allem in der Pariser Banlieu, aber auch in Marseille und anderswo. Selbst Behörden unterwerfen sich und machen mit. *Charlie Hebdo* deckte 2012 auf, dass auf dem Rathaus in Aubervilliers Nicht-Muslime, die eine Muslimin heiraten wollen, genötigt werden, zum Islam überzutreten. Vor allem in Belgien und den Niederlanden, aber auch in Skandinavien, in Österreich, auf dem Balkan und in der Schweiz gibt es skandalöse Sonderregelungen zugunsten von Muslimen. Je mehr Parallelgesellschaft sich entfalten, desto mehr bekommen sie Parallelgesetze. Man ist im Westen eben tolerant und „weltoffen".

Übrigens ist der Islam für den Staat organisatorisch schlecht zu fassen. Es gibt im Islam keine zentrale Autorität. In Deutschland vertreten die muslimischen Verbände gerade einmal fünf Prozent der Muslime. Der Zentralrat der Muslime, der durch seinen Vorsitzenden Aiman Mazyek oft im Fernsehen vertreten ist, hat gerade einmal 10.000 Mitglieder (laut *Wikipedia*; *ideaSpektrum* schätzt sie auf 25.000 bis 20.000; der „Islamrat für die Bundesrepublik Deutschland" hat etwas mehr: 40.000 bis 60.000). Zwischen den Aleviten (ca. 50.000) und liberalen, nicht organisierten Muslimen auf der einen Seite und den konservativen Verbänden, wie z. B. dem türkischen

Moscheeverband DITIB (ca. 150.000), der ein verlängerter Arm Erdogans ist und auch vom türkischen Staat finanziert wird, gibt es einen tiefen Graben. Die Aleviten erwägen deshalb einen Austritt aus der Islamkonferenz.[14]

Man hat es also mit einer mehr oder weniger amorphen Masse zu tun, für die es keinen gemeinsamen Ansprechpartner gibt, was Verhandlungen und Regelungen erschwert. Viele sind formal Muslime, aber im Sinne ihrer Religion keine „echten" und „guten". Es gibt – wie im Christentum auch – die sogenannten „Karteileichen". Es gibt aber auch zur Gewalt neigende Extremisten, die nicht immer eine direkte Anbindung an eine Gemeinde oder einen Verband haben müssen und sich einer Beobachtung entziehen. Sie alle im westlichen Sinne zu assimilieren und zu liberalisieren ist kaum möglich. Im übrigen: „Wie anmaßend muss man sein, um ernsthaft zu beanspruchen, man könne den Islam von Deutschland aus zivilisieren?" So Prof. Seyder, und er fährt fort: „Ich weiß, man redet zum Beispiel gerne vom Euro-Islam. Aber es tut mir leid, ich halte so etwas für eine Fiktion. Nein, das stürzt uns nur in eine endlose Debatte."[15]

Der bekannte französische Schriftsteller Michel Houellebecq, der den aufsehenerregenden Roman *Unterwerfung* geschrieben hat, in dem er schildert, wie leicht sich heute die

Verhältnisse zugunsten des Islam ändern könnten, erhielt am 26. September 2016 als Zweiter den *Frank-Schirrmacher-Preis* für sein Werk, das „mit analytischer Tiefe und provokativer Originalität die zivilisatorischen Befindlichkeiten unserer Gegenwart beschreibt". So der Stiftungsrat. Die Laudatio hielt die mit zahlreichen Preisen (u. a. dem *Geschwister-Scholl-Preis*) geehrte türkischstämmige Soziologin Necla Kelek. Houellebecq erklärte: „Das Vordringen des Islam beginnt gerade erst, weil die Demografie auf seiner Seite ist und Europa, das aufhört, Kinder zu bekommen, sich in einen Prozess des Selbstmords begeben hat. Und das ist nicht wirklich ein langsamer Selbstmord. Wenn man erst einmal bei einer Geburtenrate von 1,3 oder 1,4 angekommen ist, dann geht die Sache in Wirklichkeit sehr schnell." Erster Preisträger des Schirrmacher-Preises war Hans Magnus Enzensberger.

Houellebecq, der kein Christ ist, in vielem aber eine ähnliche Sicht hat, wird natürlich als politisch nicht Korrekter bekämpft, will sich aber das Etikett „Reaktionär" nicht anheften lassen. Reaktionäre seien diejenigen, die eine Ökonomisierung der Welt anstreben, die überkommene nationale und kulturelle Strukturen auflösen wollen und die ihre Muttersprache zugunsten des Englischen aufgeben. Mit seinem „Kameraden" Maurice Dantec empfiehlt er, dass wir uns wieder „in Gekreuzigte [...] verwandeln". Einzig eine spirituelle Macht wie das Christentum oder das Judentum könne mit einer anderen spirituellen Macht wie dem Islam kämpfen. Wie wenig der Staat in der Lage sei, mit dem Islam umzugehen, könne man ja überall besichtigen.

Der bekannte Theologieprofessor, promovierte Historiker und Diplom-Psychologe Gerhard Besier, der an verschiedenen Universitäten und an der Stanford-Universität in Kalifornien lehrt, sieht in Houellebecq so etwas wie den Propheten einer intellektuellen Zeitenwende. Er und seine Freunde hätten uns aus „der Zwangsjacke der Linken befreit", von der Doktrin des „richtigen" Denkens und Sprechens, die uns über Jahrzehnte zu einer Art Selbstzensur gezwungen habe. Er habe „das Denken befreit".[16]

Wenn man die Augen aufmachen würde und sich einmal nicht von Wunschdenken leiten ließe, kann man schon in der unmittelbaren Nachbarschaft sehen, wie schwer sich selbst fast gleiche Bevölkerungsgruppen damit tun, zu einer Einheit zusammenzuwachsen: Flamen und Wallonen, Engländer und Schotten, Briten und Iren, Basken und Spanier, Katalanen und Andalusier, die Balkanvölker, Tiroler und Italiener, die kaukasischen Volks- und Religionsgruppen usw. Im Nahen Osten haben sich Christen und Muslimen selbst nach weit über tausend Jahren einander nicht angenähert und stehen sich feindlicher gegenüber als je zuvor. Und bei uns soll das alles gelingen? Da muss man schon – im Gegensatz zur *Bibel* – ein sehr optimistisches Menschenbild haben.

Wie ist es nur möglich, dass eine einzelne Person, die Kanzlerin, die Macht besitzt, beziehungsweise sich das Recht herausnimmt, gerade einmal so eine riesige Anzahl von Flüchtlingen bzw. Asylanten ins Land hereinzuwinken – egal, ob sie ihre Pässe weggeworfen haben, sich frech „Ali Baba" nennen, Schreckensbilder vorweisen, die sie sich aus dem Internet heruntergeladen haben, gar nicht aus Krisengebieten stammen, möglicherweise Terroristen sind, unserer Kultur meist feindlich gegenüberstehen, eine andere Religion, Prägung und Weltanschauung haben, kaum bildungsfähig erscheinen usw.? Damit ist eine Kette von Rechtsbrüchen eingeleitet worden. Die eine Million dieser Menschen, die verständlicherweise ihre persönlichen Vorteile suchen, entspricht der Bevölkerungszahl von zehn Großstädten. Die Lasten dafür werden ausnahmslos und auf lange Zeit ohne Gegenleistung ungefragt dem deutschen Steuerzahler aufgebürdet. „Deutschland wird sich verändern", wird offen zugegeben, aber man hat sich darüber einfach nur zu freuen. Laut Statistischem Bundesamt kamen 2015 übrigens nicht eine Million nach Deutschland sondern 2,1 Millionen. Wie Bundesinnenminister de Maizière kürzlich bekanntgab, sind ca. 890.000 davon Flüchtlinge.

„Wir sind ein starkes Land", sagt die Kanzlerin, und „Wir schaffen das". Aber so kann nur jemand reden, der die vielen Armen, Benachteiligten, Ausgebeuteten und schlecht Versorgten unseres Volkes, den malochenden Leistungsträger, die vielen Insolvenzen, die weitgehende Kapitalunterversorgung, die noch nie dagewesene Verschuldung, die heraufziehende Altersarmut, die Kinderarmut, die EZB-Geldpolitik, die schwächelnden Banken, die heruntergekommene Infrastruktur unseres Gemeinwesens, die ausufernde Kriminalität, die militärische Schwäche und vor allem die innere Zerrissenheit nicht im Blick hat. Manche müssen heute zwei Berufe ausüben, um ihre Familie ernähren zu können. 2014 gab es 335.000 Wohnungslose, darunter 29.000 Kinder. Für 2018 lautet die Prognose: 536.000 Obdachlose.[17] Wie sieht es denn da mit der viel beschworenen Barmherzigkeit und Menschenfreundlichkeit der Verantwortlichen aus, mit dem „starken Land", das helfen kann und „es schafft"? Bei den großen humanistischen Weltrettungsplänen kann der Einzelne als „Wanderungsverlierer" schnell unter die Räder kommen.

Schon La Rochefoucauld wusste: „Es ist leichter, die Menschheit als einen Menschen zu kennen" (*Maximen und Reflexionen*). Unter Berufung auf Humanität wird sehr viel inhumanes, aggressives, forderndes und kostenträchtiges Potenzial dauerhaft importiert. Und dann heißt es noch trotzig, man müsse zu all dem ein „freundliches Gesicht" machen, sonst sei das nicht mehr ihr Land. Bei so viel Abgehobenheit kann einem angst und bange werden.

Zudem bringt die Kanzlerin ganz Europa in Gefahr. Insbesondere unsere östlichen Nachbarn schütteln nur den Kopf oder „sind entsetzt" (Václav Klaus). Aber auch Donald Trump twitterte am 9. Dezember 2015 anlässlich der Auszeichnung von Merkel zur „Person des Jahres" durch das Magazin *Time*: „Sie haben die Person gewählt, die Deutschland ruiniert." Der englische Politologe Anthony Glees kritisierte im *Deutschlandfunk* Deutschlands Vorgehen in der Flüchtlingskrise als „undemokratisch". Berlin habe sich mit der Entscheidung, die in Ungarn gestrandeten Migranten aufzunehmen, nicht an die EU-Regeln gehalten. In Großbritannien herrsche der Eindruck vor, „die Deutschen hätten den Verstand verloren". Sie verhielten sich „wie ein Hippie-Staat, der nur von Gefühlen geleitet würde". Die deutsche Haltung sei „einfach salopp und nicht richtig durchdacht". Wenn Deutschland sich nicht an die Regeln halte, falle „die ganze Union auseinander".

Dazu ist inzwischen mit dem Brexit auch der Anfang gemacht und Deutschland hat ein gerütteltes Maß Schuld daran. Der englische Politiker Nigel Farage nannte die Entscheidung der Kanzlerin, ungehindert Flüchtlinge ins Land zu lassen, die schlechteste, die je ein Europäer seit 1945 getroffen habe. „Ich befürchte, dass Deutschland in einer desaströsen Situation ist und niemals wieder sein wird, wie zuvor", sagte er jüngst dem Radiosender LBC. Aber auch die jetzige britische Premierministerin Theresa May sagte einmal im Unterhaus über die deutsche Flüchtlingspolitik, sie sei „crazy".[18]

Für Polens Innenminister Mariusz Błaszczak gibt es „keinen Zweifel daran, dass die Probleme, mit denen sich jetzt unsere Nachbarn herumschlagen, das Resultat einer jahrzehntelangen Migrationspolitik sind, das Resultat von Multikulti-Politik, das Resultat davon, dass eben jahrelang Emigranten aus dem Nahen Osten und Nordafrika aufgenommen worden sind, die sich nicht in die europäische Gesellschaft integrieren." Außenminister Witold Waszczykowski betonte: „Die Versicherungen europäischer Politiker, deutscher Politiker, deutscher Behörden, dass Europa sicher sei, sind nicht gerechtfertigt."[19] Der tschechische Präsident Miloš Zeman bezeichnete Merkels „Willkommenskultur" als „sinnlos". Europa sei „einer organisierten Invasion" ausgesetzt.[20]

Und auch in Frankreich ist man über den deutschen Alleingang nicht glücklich. Es geht die Rede, dass François Hollande hinter verschlossenen Türen „vor Wut geschäumt" habe. Der Zustand Frankreichs lässt auch die Übernahme der von Deutschland gewünschten großen Flüchtlingsquoten gar nicht mehr zu. So sagt z. B. der französische Philosoph Alain Finkielkraut, der als Sohn eines marokkanischen Juden selbst einen Migrationshintergrund hat: „Wir werden Zeuge, wie Frankreich auseinanderbricht. Aus einem Land, das einst als Modell galt, wird ein abschreckendes Beispiel: Eben um nicht Frankreichs Schicksal zu erleiden, weigern sich die mitteleuropäischen Staaten beharrlich, einer Quotenregelung für die Aufnahme von Asylbewerbern zuzustimmen."[21]

Im Zuge der Entwicklung haben Dänemark und Schweden ihre Grenzen geschlossen. Österreich verbittet sich, zum „Wartezimmer Deutschlands" zu werden. Italien winkt seine Einwanderer nach Deutschland durch. Die Visegrád-Staaten lehnen eine Einwanderung überhaupt ab, vorneweg der ungarische Premier und „große Europäer" (Helmut Kohl) Viktor Orbán.

Was ist das für eine Politik, so muss man sich fragen, die auf eine Isolierung Deutschlands hinausläuft und im Herzen Europas einen Krisenherd schafft? Und was soll man davon halten, dass unsere Kanzlerin sich mit Russland (Putin) und Amerika (Trump) gleichermaßen anlegt und beide, trotz sehr starker eigener Defizite auf diesem Gebiet, hochnäsig über Demokratie und Menschenrechte belehrt? Ist das weise Diplomatie zum Wohle Deutschlands? Kaum ist Deutschland wiedervereinigt, wird es schon wieder größenwahnsinnig, nur eben jetzt in eine andere Richtung, aber nicht weniger irrational und belastend für die anderen. Wollen wir uns in der Welt wieder als Besserwisser unbeliebt machen und isolieren? Hätte man das alles nicht voraussehen können und müssen? Warum ist der Grundsatz *praeclinare melius est quam sanare* („vorbeugen ist besser als heilen") in der deutschen Politik offensichtlich völlig unbekannt?

Die Merkelsche Grenzöffnung geschah übrigens gegen den ausdrücklichen Wunsch ihrer führenden Beamten, die ihr auch versicherten, die Grenzen sehr wohl sichern zu können. Einer von ihnen sagt heute: „Deutschland hat sich mit seiner Flüchtlingspolitik in Europa isoliert, die Bevölkerung ist polarisiert und nicht mehr nur an den Rändern radikalisiert. Und nicht zu vergessen: Wir haben Hunderttausende Menschen im Land, von denen wir nicht wissen, wer sie wirklich sind und wie sie einmal sein werden." Der Staat habe sich damals aufgegeben als er eine Million ins Land ließ, und was sei dadurch besser geworden?[22]

Es gibt herzzerreißende Schicksale unter den Flüchtlingen und sicher viele liebenswerte Menschen, denen man gern helfen will, aber rechtfertigt das, einen bei solchen Massen möglicherweise entstehenden Hexenkessel in Kauf zu nehmen, ein heterogenes fragiles Gebilde, wo jeder gegen jeden ist, es kein Gemeinschaftsgefühl aufgrund einer gemeinsamen Geschichte, Kultur und Religion gibt und keiner mehr einen Sinn darin sieht, für einen solchen Staat einzustehen und Opfer zu bringen, ja womöglich sogar sein Leben zu opfern? Gäbe es dann nicht noch weit mehr und noch schlimmere Schicksale?

Für die Kanzlerin ist Deutschland „ein starkes Land". Aber wie kann ein Land stark sein, dass dabei ist, „sich abzuschaffen" (Thilo Sarrazin)? Das *Grundgesetz* stellt Ehe und Familie eindeutig unter den besonderen Schutz des Staates. Der Staat kommt dieser Aufgabe aber nicht nach, sondern tut im Gegenteil auf vielerlei Weise alles, um sie zu schwächen und in die Gesellschaft einzuebnen. Seit Jahr und Tag belegt Deutschland mit einer Geburtenrate von 1,47 Kindern je Frau im internationalen Vergleich einen der letzten Plätze. Und es wird auch kein ernsthafter Versuch unternommen, das zu verändern. Die Schaffung von Kindergartenplätzen geht das Problem nicht an der Wurzel an und bringt ja auch offensichtlich nicht den gewünschten Erfolg.

In Frankreich ist eine fünfköpfige Familie bei mittlerem Einkommen von Steuern und Abgaben weitgehend frei. In Deutschland sinkt sie unter die Armutsgrenze. Hier lebt von Kindern der gut, der keine hat. Die Angehörigen einer weitgehend kinderlosen Gesellschaft verlassen sich hier darauf, dass die Kinder anderer Leute, die sie selbst nicht aufgezogen und für die sie keine Opfer gebracht haben, im Alter für sie sorgen werden. Das wird allerdings nicht funktionieren. Die wenigen

Jungen werden die Kraft und das Geld nicht aufbringen, die vielen Alten angemessen zu versorgen. Und ob diese dann Nähe, Zuneigung und Intimität von Fremden erfahren werden, ist recht unwahrscheinlich. Sie werden die Not einer kinderarmen Gesellschaft dann zu spüren bekommen. Wenn sie aus eigennützigen Gründen keine Kinder bekommen haben, werden sie sich das dann selbst zuschreiben müssen. Meistens wird es aber so sein, dass sie von gesellschaftlichen Kräften und Fehlentscheidungen daran gehindert wurden.

Im *Handbuch des Verfassungsrechts* heißt es: „Legt man die Maßstäbe eines sonst überall in menschlichen Ordnungen als angemessen akzeptierten Vernunftdenkens und rationalen Abwägens der ökonomischen Gegebenheiten an, so ist eigentlich kaum zu verstehen, dass sich überhaupt noch wenigstens einige Eltern bereitfinden, die gesellschaftliche Aufgabe ‚Geburt, Unterhalt und Erziehung mehrer Kinder' quasi gratis zum Nutzen ihrer Mitmenschen zu leisten." – Ein Land ohne Kinder ist also im Innersten schwach und morsch.

Konrad Adam, früherer Feuilletonredakteur der *FAZ* und bis 2007 Chefkorrespondent der *Welt* schreibt: „Alle Versuche, die massive Umverteilung von Kinderreich zu Kinderlos und Kinderarm auch nur vorsichtig zu korrigieren, sind am Widerstand der Besitzstandswahrer gescheitert [...] Im Kampf mit den Interessenvertretern hat die Gerechtigkeit einen schweren, fast aussichtslosen Stand. Wer Schweine mästet, sei ein nützliches, wer Kinder großzieht, ein unnützes Mitglied der Gesellschaft, hat der große Ökonom Friedrich List einmal gespottet. Das war ironisch gemeint, ist von unseren Sozialpolitikern aber blutig ernst genommen worden. Unter ihren Händen ist Deutschland, eines der reichsten Länder der Welt, ein armes, ein kinder- und zukunftsarmes Land geworden. Auf diese Zukunft angesprochen, reagierte die frühere Familienministerin Renate Schmidt mit der Bemerkung, ob die Deutschen ausstürben oder nicht, sei ihr zunächst einmal ‚wurscht'."[23] Wir wollen zugunsten von Renate Schmidt annehmen, dass es sich bei ihrer Äußerung um einen einmaligen, unbedachten Ausrutscher handelte. Außer den Grünen und Linksextremen wird so etwas kaum einer laut sagen. Die derzeitig praktizierte und propagierte Politik läuft freilich auf dieses Ergebnis hinaus.

Bezeichnend ist auch, dass der bekannte Fernsehmoderator Johannes B. Kerner auf den Satz von Eva Herman – „Wir sterben aus. Wir kriegen doch die demografische Kurve nicht mehr" – erwiderte: „Na ja, dann gibt es ein paar mehr Chinesen." Er hätte das sicher nicht gesagt, wenn er nicht einen starken Mainstream mit ähnlich „wurschtiger" Auffassung (und die weiteren Gesprächsteilnehmer sowie einen Teil des Publikums) hinter sich gewusst hätte.

Offensichtlich ist unter den Deutschen eine starke Strömung aus Gründen der Ignoranz, des Egoismus, der ideologischen Verblendung und des Selbsthasses bereit, unser schönes, immer noch überwiegend geordnetes, gepflegtes und funktionierendes Land mitsamt seinen geistlichen, geistigen, kulturellen und materiellen Werten Menschen zu überlassen, die dafür keine Voraussetzungen, kein gemeinsames Narrativ, keine Liebe und keinen Respekt mitbringen, sondern ihm oft sogar hassend und kriegerisch gegenüberstehen. In unfassbarer Weise lässt man den Respekt vor der riesigen Leistung unserer Vorfahren vermissen und meint, ihr Erbe nach Maßgabe des eigenen beschränkten Horizonts verschleudern zu dürfen und aufs Spiel setzen zu können.

Eine weitere Schwächung Deutschlands resultiert aus dem Euro-Währungsverbund. Deutschlands Sparer verlieren durch die Nullzinspolitik der Europäischen Zentralbank jährlich Milliarden Euro. Aus den Monatsberichten der Bundesbank geht hervor, dass die jährlichen Zinsgutschriften auf Spareinlagen von 2009 bis 2015 auf ein Drittel ihrer früheren Höhe geschrumpft sind – von 13,8 auf 4,4 Milliarden Euro. Die großen Gewinner dagegen sind Bund und Länder; diejenigen also, die die Schuldenmisere verursacht haben.

Nach Prof. Dr. Thorsten Polleit, dem Präsidenten des Ludwig von Mises Institut Deutschland, finanziert die EZB in perfider Umverteilung nichtdeutsche gefährdete Staatshaushalte mit der Notenpresse. Dadurch könnte die „für die gesamtwirtschaftliche Nachfrage relevante Geldmenge M3 um 60 Prozent ansteigen – das entspräche einem künftigen Kaufkraftverlust des Euro von geschätzt 40 Prozent. Würden die Staatsschulden, bevor sie die EZB kauft, jedoch von den Euro-Banken aufgekauft, könnte die Geldmenge M3 sogar um 86 Prozent ansteigen – und das spräche für eine künftige Halbierung der Kaufkraft des Euro."[24] In einer solchen Situation kann man ebenfalls nicht von einem „starken Land" reden.

Gewiss, es gibt nun auch spottbillige Kredite. Nicht jeder aber benötigt einen Kredit und kann ihn sich (bei steigenden Immobilienpreisen) auch leisten – wenn er ihn als Junger (mit unübersichtlicher Berufslaufbahn) oder Alter (mit niedriger Lebenserwartung) überhaupt bekommt. Jeder aber braucht einen gerechten Lohn für Fleiß und Sparsamkeit und eine auskömmliche Altersversorgung. Es sind ja auch nicht nur die Zinserträge betroffen, es gibt auch Verluste bei Bausparverträgen, Lebensversicherungen und anderen Kapitalanlagen.

Die Tugenden des fleißigen und sparsamen Bürgers werden durch diese Geldpolitik konterkariert und ad absurdum geführt. Es ist jetzt die Zeit des Spekulanten, der womöglich durch Shareholder-value-Geschäfte auf Kosten redlich arbeitender anderer Menschen Geld verdient. „Die anhaltende Niedrigzinspolitik bringt zunehmend die persönliche Lebensplanung von Millionen Bundesbürgern in Gefahr" kritisiert Sparkassenpräsident Georg Fahrenschon. „Viele Menschen sehen es realistisch und gehen daher davon aus, dass sie wegen fehlender Zinserträge nicht mehr zum vorgesehenen Zeitpunkt in Rente gehen werden können."[25]

Eine weitere Schwäche Deutschlands liegt in der schlechten Bildung des Nachwuchses. Dazu nur ein Beispiel: Laut TIMSS-Test[26], einer international vergleichenden Schulleistungsuntersuchung, erreichen in Deutschland nur noch 5,3 Prozent der Viertklässler die höchste Kompetenzstufe in Mathematik. In Singapur sind es 50 Prozent, in Russland immerhin noch 20 Prozent. Und diese deutschen Kinder sollen dann später diejenigen sein, welche die Innovationen hervorbringen, auf denen in unserem rohstoffarmen Land später die wirtschaftliche Stärke und soziale Stabilität Deutschlands beruht? Das ist kaum anzunehmen. Und so ist das eine traurige Bilanz der bundesdeutschen Bildungs-,Reform- und Migrationspolitik.

Übrigens ist Merkels „starkes Land", das gern auch als das „reichste Land Europas" bezeichnet wird, eine Chimäre. 2013 hatte Deutschland mit gut 2,4 Billionen Euro zwar in der Tat das größte Bruttoinlandsprodukt in Europa; doch leben hier auch die meisten Menschen. Bezogen auf das reale BIP pro Kopf steht Deutschland mit 30.200 Euro nur an neunter Stelle. Der Spitzenreiter Luxemburg hat mehr als doppelt so viel vorzuweisen, nämlich 62.400 Euro. Das BIP pro Kopf sagt aber noch nichts darüber aus, über wie viel Vermögen die einzelnen Privathaushalte tatsächlich verfügen. Die EZB hat 2013 dazu eine Studie veröffentlicht. In der liegt Deutschland mit einem Medianwert von 51.400 Euro pro Jahr und Haushalt an der letzten (!) Stelle. Alle anderen haben mehr. Auch die Rettungskandidaten: Portugal > 75.200 Euro, Griechenland > 101.900 Euro, Spanien > 182.700 Euro, Zypern > 266.900 Euro. Zwar leben in Deutschland weniger Personen pro Haushalt als in manch anderen Ländern, aber auch wenn man das Vermögen pro Person betrachtet, verändert sich das Bild kaum. Deutschland liegt dann an vorletzter Stelle.[27]

Genauso fragwürdig wie die Rede vom „reichsten Land Europas" sind Behauptungen, wie: „Die Wirtschaft profitiert vom Euro." „Durch den Euro wächst der Wohlstand." Und: „Der Euro fördert die Integration." Einzelne mögen profitieren, die Gesamtheit aber nicht. Der Publizist und Verleger Bruno Bandulet, Herausgeber des monatlichen Informationsdienstes *Gold*

& *Money* sowie des politischen Hintergrunddienstes *Deutschland/Brief* hat in seinem Buch *Beuteland – Die systematische Plünderung Deutschlands seit 1945* einmal die besonderen Belastungen Deutschlands addiert. Sein Ergebnis: Die seit 1945 gezahlten Reparationen mitsamt den Kosten der europäischen Transferunion übertreffen bei Weitem die Zahlungen des Deutschen Reiches nach dem Versailler Vertrag. Die Nettozahlungen Deutschlands an die EU betragen seit der Wiedervereinigung netto mehr als 250 Milliarden Euro. Die Rechnung für die Aufnahme von Arabern und Afrikanern ist nach oben hin offen; es fehlt bisher an seriösen Kalkulationen. Allein die Kosten der Flüchtlingsinvasion des Jahres 2015 schätzt er auf 450 Milliarden.

Vorher hatte Deutschland schon die immensen Kosten der Wiedervereinigung zu tragen. Und nicht zu vergessen sind auch die unsinnigen Kosten einer fehlgeleiteten „Energiewende".[28] Statt den große Leistungen erbringenden Bürger ständig zu beschimpfen, ihm mit moralisierendem Gestus immer neue Lasten aufzuerlegen und ihn als Goldesel und Zahlmeister für andere zu missbrauchen, wäre es einmal an der Zeit, ihm zu danken und ihm die Früchte seiner Arbeit zukommen zu lassen.

Und noch in anderen Kanälen verschwinden unnötig Steuergelder. Der deutsch-äthiopische Prinz Asfa-Wossen Asserate, ein exzellenter Deutschland-Liebhaber und Wirtschaftsfachmann, sagte kürzlich, dass in den vergangenen vierzig Jahren 850 Milliarden Entwicklungshilfe nach Afrika geflossen seien, davon aber mehr als 620 Milliarden wieder nach Europa zurückgekehrt seien – und zwar auf Schweizer Konten und in Immobilien. Die meisten Loire-Schlösser befänden sich in Händen afrikanischer Potentaten. Sie seien die größten Exporteure von Migranten. Es sei an der Zeit, mit ihnen „Tacheles zu reden". Der große Deutsch-Afrikaner fragt: „Haben wir nicht unsere Völker mehr unterdrückt, als es die Europäer in der Kolonialzeit gemacht haben? Nehmen Sie den deutschen Völkermord an den Herero vor mehr als hundert Jahren mit 50.000 bis 100.000 Opfern. Ich bitte Sie! Ich komme aus einem Land, in dem während des roten Terrors von Mengistu Haile Mariam eine Million Menschen ermordet wurden. Wie viel besser sind wir also als die Kolonialherren?" (*GQ*, Jan. 2017)

Der syrischstämmige Islamexperte, der Muslim Prof. Bassam Tibi (Göttingen) erklärte in der *Welt* vom 7. Juli 2016: „Mit Merkels Entscheidung, 1,5 Millionen Menschen ins Land zu lassen, verändert sich Deutschland immens. Das sehen sie schon an Göttingen: Die Stadt war früher sehr studentisch, 20 % waren Ausländer, eine verträumte Stadt. Heute sieht sie aus wie ein Flüchtlingslager. Da laufen die Gangs, ob afghanisch oder eritreisch durch die Straßen und man bekommt es mit der Angst. Das Göttinger Gemeinwesen ist erschüttert. Und überall das: keine Sitzung oder Debatte des Bundestages! […] Das hier ist eine demografische Lawine, die über uns schwappt."

In der *Huffington Post* vom 25. Juli 2016 war von ihm zu lesen: „Köln war nur der Anfang. Wenn Deutschland über eine Million Menschen aus der Welt des Islams holt und ihre Erwartungen nicht erfüllt, muss man sich auf einiges gefasst machen." Aus der Werbung glaubten diese jungen Männer zu wissen, dass jeder Europäer eine Luxuswohnung, ein Auto und eine „hübsche Blondine" habe. „Sie denken, dass sie das auch bekommen und am Wohlstand beteiligt werden." Wenn aber diese jungen Männer in Notunterkünften in Schul- und Sporthallen untergebracht würden, dann fühlten sie sich betrogen, ja diskriminiert. „Also entwickeln sie Rachegefühle gegenüber dem europäischen Mann. Die enttäuschten und wütenden arabischen Männer rächten sich daher in Köln und Hamburg an den deutschen Männern, vertreten durch deren Frauen."

Tibi stammt aus einer Gelehrtenfamilie aus Damaskus, die eine von neun sunnitischen Familien war, die die Stadt über Jahrhunderte prägten, bis sie vom alevitischen Assad (Vater) vertrieben wurde. 1962 kam er nach Deutschland und studierte u. a. bei Theodor W. Adorno und Max Horkheimer. Mit 28 Jahren wurde er Professor für internationale Beziehungen in Göttingen. Er lehrte aber auch in Harvard, St. Gallen, Jakarta, Karthum, Ankara, Kairo, Yale und Berkeley. Wenn jemand Orient und Okzident gründlich kennt, dann ist er es. Das hinderte die deutschen „Qualitätsmedien" aber keineswegs daran, ihn von oben herab zu behandeln. Als er von seiner Hoffnung auf einen Euro-Islam sprach, verhöhnte ihn die *Süddeutsche Zeitung* als „Ein-Mann-Sekte". Inzwischen hat er in einem Artikel der Zeitschrift *Cicero* mit der Überschrift „Ich kapituliere" erklärt, dass er an einen solchen aufgeklärten und toleranten Islam nicht mehr glaube. Vom deutschen Fernsehen wurde er lange Zeit nicht mehr eingeladen; erst in jüngster Zeit kommt er – unter dem Druck der Ereignisse – wieder zu Wort.

Eine „Willkommenskultur" hat er übrigens in Deutschland, nach seinen eigenen Worten, nie erlebt. Seine eigentliche Karriere machte der renommierte und als Sachkenner unverzichtbare Wissenschaftler in Amerika. In Deutschland wurde er „ausgegrenzt, getreten und gemobbt" – und das, obwohl ihm seit Jahrzehnten stabile und gesittete Verhältnisse hier wirklich am Herzen liegen und er sorgenvoll vor Fehlentwicklungen warnt. Nur wegen seiner Familie blieb er hier. Er berichtet: „Ich wollte Deutscher sein. 1971 habe ich einen Antrag gestellt. Es hat fünf Jahre gedauert, bis ich ihn bekommen habe. In diesen fünf Jahren wurde ich unheimlich gedemütigt. Ich hatte einen deutschen Doktortitel, eine deutschsprachige Habilitation geschrieben. Aber stellen sie sich vor: Auf dem Amt diktierte mir ein deutscher Polizist einen Text aus der *Bild-Zeitung*, um meine Deutschkenntnisse zu prüfen. – Wie wollen die Deutschen 1,5 Millionen Muslime integrieren, wenn sie mich, der ich dreissig Bücher in deutscher Sprache geschrieben habe, nicht integrieren konnten?"

Tibi, der als einer der Ersten das Wort Leitkultur in den Mund nahm und „verordnete Fremdenliebe" strikt ablehnt, sagte kürzlich in einem Vortrag in Berlin, er habe sich „den Titel des Bürgers hart erarbeiten" müssen. Eben diese individuelle Bringschuld, die für eine Integration unabdingbar sei, verlange er von jedem anderen auch. Auch integrierte Einwanderer, denen ebenfalls nichts geschenkt wurde, empörten sich über „die luxuriöse Versorgung der Neuankömmlinge durch den Sozialstaat".[29]

In der *Basler Zeitung* (vom 7. Juli 2016, S. 3) geht er in einem Interview noch näher auf die Integrationsprobleme Deutschlands ein. Tibi, der selbst als Antisemit nach Deutschland kam, sich dann aber unter Adornos Einfluss wandelte, sagt: „Die meisten Syrer sind Judenhasser." Wenn er mit seinen ehemaligen Landsleuten spricht, sind sie viel offener zu ihm als zu den deutschen Behörden. Er nennt zwei Beispiele:

Ein Palästinenser, der in Damaskus lebte, ist nun in Göttingen. Sein Asylverfahren wird aufgrund der Überlastung der deutschen Behörden sehr langsam bearbeitet. Dazu der Asylbewerber: „Die Juden sind schuld." Tibi: „Was haben die Juden mit dem deutschen Asylverfahren zu tun?" Er: „Hast du nicht gesehen, hier in Göttingen ist eine Judenstraße und da sitzen sie und regieren die Stadt." Tibi versuchte, mit ihm rational zu reden, musste aber erkennen, dass das keinen Sinn hatte. Ein anderer Syrer, anerkannter Asylant, vier Kinder, spricht kein Wort Deutsch. Er wollte von der Stadt ein Auto haben; diese hat es ihm aber verweigert. Der Grund war für ihn klar: „Das waren die Juden, die das entschieden haben." Sind das nun repräsentative Beispiele? Tibi: „Ja. Diese Menschen sind sozialisiert in einer antisemitischen Kultur." Man kann sich also denken, was Deutschland mit Menschen dieser Prägung und Bildung für Probleme haben wird.

Von Deutsch-Türken und Deutsch-Iranern sagt Tibi: „Die denken genau wie ich. Wir haben es geschafft, hier Arbeit, Freiheit und ein bisschen Ruhe zu finden. Diese 1,5 Millionen Flüchtlinge bringen Unruhe in diese Gesellschaft. Wir deutschen Ausländer haben Angst um unsere Integration." Die Medien akzentuieren stark die Dankbarkeit der Flüchtlinge für die deutsche Gastfreundschaft. Aber ist das wirklich so? Dazu Tibi: „Ich war gerade in Kairo: Da ist eine Zweizimmerwohnung ein Luxus. Ein Mann, der in Kairo heiraten will, muss dem Vater des Mädchens nachweisen, dass er eine Zweizimmerwohnung hat. Hier in Göttingen kenne ich 16-jährige Araber, die für sich alleine eine Zweizimmerwohnung haben. Und wer mit 16 eine Zweizimmerwohnung hat, will mit 18 ein Auto! Aber der Sozialhilfesatz reicht dazu nicht aus. Denken Sie, selbst der dankbare Syrer, der mit Merkel das berühmte Selfie gemacht hatte, war vor ein paar Wochen im Fernsehen und erklärte, er sei nun von Merkel enttäuscht: Er wolle Arbeit, ein sicheres Einkommen und eine Wohnung. Wir werden große soziale Konflikte erleben."

Und das sind beileibe nicht die einzigen Probleme, die auf uns zukommen und jetzt bereits sichtbar werden. Tibi: „Vergewaltigung von Frauen ist ein Mittel der Kriegsführung in Syrien. Alle Kriegsparteien machen das. Die Flüchtlinge, die hierher kommen, kommen aus dieser Kultur und nicht alle sind Opfer. Wenn solche Männer nicht kriegen, was sie erwarten, werden sie wütend. In der Kultur, aus der ich komme, will man Leute demütigen, die einen wütend machen. Im Orient demütigt man einen Mann, indem man seine Frau demütigt: durch Vergewaltigung. Meine Vermutung ist, dass diese jungen muslimischen Männer in Köln die Frauen demütigen wollten, und hinter dieser Demütigung steht die Demütigung des deutschen Mannes. Die Frau ist ein Instrument dafür."

Für Tibi ist übrigens das Gerede, die schlechte Integration von Muslimen habe nichts mit dem Islam zu tun „Quatsch".

Die Muslime in Deutschland seien „unwillig, sich zu einem europäischen Islam zu bekennen" und Deutschland sei „unfähig, eine Hausordnung für das friedliche Zusammenleben anzubieten". Er halte „mittlerweile beides für Utopien". Und außerdem: Er habe lange in Amerika gelebt, das anders und besser mit Migranten umgehe. „Muslimische Jugendliche in Boston, New York und Washington haben eine Mischung aus Angst und Respekt, wenn sie einen Polizisten sehen. Sie wissen, dass sie ins Gefängnis kommen, wenn sie ihn frech behandeln. Die deutschen Ordnungsbehörden müssen Ausländer, die sich gegen den Staat verächtlich verhalten, in die Schranken weisen. Das passiert aber nicht. Die Angst vor dem Rassismus-Vorwurf ist in Deutschland größer als die Angst vor dem Verfall der öffentlichen Ordnung […] Das ist ein verheerendes Signal. Viele Neuankömmlinge halten Deutsche deshalb für Weicheier. Sie nehmen Deutsche gar nicht ernst."

Weiter kritisiert Tibi in der Basler Zeitung diese „Völkerwanderung aus der Welt des Islam". Millionen säßen noch auf ihren Koffern und Europa habe auf diese Herausforderung außer Sprüchen wie ‚Solidarität' keine Strategie zu bieten. In den vergangenen Jahren sei ein „politisch korrektes vorherrschend von Linksgrünen bestimmtes Narrativ entstanden, das mit Gesinnungsterror jede freie Diskussion" darüber verbiete.

Er resümiert: „Humanitäre Politik ist eine Pflicht, aber hierfür gibt es Kapazitäten, die der global besorgte Gutmensch nicht anerkennt, weil dieser die Probleme aller Welt auf dem deutschen Territorium lösen will".

Für Tibi sind Unterbringung und Sprachkurse noch keine Integration.

Erstaunlicherweise wird man nun neuerdings in der Regierung selbst rassistisch. Wolfgang Schäuble: „Die Abschottung ist doch das, was uns kaputt machen würde, was uns in Inzucht degenerieren ließe. Für uns sind Muslime eine Bereicherung ..."[30] Wie Peter Tauber und Jens Spahn als führende CDU-Politiker betonen, soll ihre Partei nicht länger die der „alten weißen Männer" sein, demnach also mehr die der jungen Farbigen.[31] Das ist ein Rassismus, der zwar in eine andere Richtung geht als früher, sich aber auf der gleichen Ebene bewegt.

Die Äußerungen dieser Politiker sind übrigens nicht so singulär, wie man vielleicht denkt. Anetta Kahane (früher Stasi-Spitzel „IM Viktoria"), die Vorsitzende der Amadeu-Antonio-Stiftung (AAS), war schon früher mit rassistischen Äußerungen aufgefallen. Sie hatte beklagt, dass in den neuen Bundesländern noch immer zu viele Weiße lebten. Laut Kahane war es „die größte Bankrotterklärung" der deutschen Politik, „dass ein Drittel des Staatsgebietes weiß" geblieben sei. Die AAS war 1998 mit dem Ziel gegründet worden, „eine demokratische Zivilgesellschaft zu stärken, die sich konsequent gegen Rechtsextremismus, Rassismus und Antisemitismus wendet". Da der Begriff des Rechtsextremismus sehr weit gefasst wird, sagt man nicht zu viel, wenn man der AAS ganz allgemein einen Kampf „gegen Rechts" zuschreibt. Zu diesem Zweck arbeitet sie u. a. auch mit allerhand linken Vereinigungen zusammen, z. B. mit der Rosa-Luxemburg-Stiftung, dem Bündnis „Refugees Welcome" oder auch einem linksextremen Blog, der zu einem „radikal linken Aufruf zum nächsten Legida-Montag" mobilisiert oder einen Online-Laden für linksextreme Szenekleidung bewirbt.

Unterstützt wird die AAS dabei hauptsächlich vom Bundesfamilienministerium, das sie von 2012 bis 2016 mit 1.770.000 Euro förderte. Das Bundesministerium des Inneren zahlte zwischen 2011 und 2014 knapp 424.000 Euro. Regelmäßiger Geldgeber ist auch die Bundeszentrale für politische Bildung (BpB), die von September 2015 bis Oktober 2016 87.000 Euro zahlte. Das Bundesministerium für Justiz stellte zwischen 2010 und 2015 18.000 Euro zur Verfügung. Und von der Thüringer Landesregierung flossen für die „Dokumentationsstelle" 207.000 Euro in die Töpfe der Stiftung.[32] – Deutschland ist offensichtlich von einer Autoimmunerkrankung befallen. Man zerstört sich selbst.

Einfachste und unmittelbar einleuchtende Grundsätze werden nicht mehr beachtet. Jeder Mensch wird sich zuerst seiner

Familie und dann seiner Sippe verpflichtet fühlen. Das bedeutet noch lange nicht eine Abwertung anderer Menschen, denen gegenüber man aber eine abgestufte Verantwortung empfindet. Keiner wird das auch als unmoralisch beanstanden. Es geht auch gar nicht anders, wenn man verantwortungsvoll handeln will. Allein Jesus Christus konnte für alle da sein. Nur im Verhalten eines Volkes soll alles anders und anderen Moralgesetzen unterworfen sein? Wenn sich heute jemand in erster Linie seinem Volk gegenüber verantwortlich fühlt, wird er sofort als „völkisch", „fremdenfeindlich", „rassistisch" usw. verunglimpft und als „Nazi" beschimpft ohne dass die Regierung dem Einhalt gebietet. Eben das aber ist verantwortungslos, unmoralisch und kurzsichtig. Im Grunde ist ja kaum jemand fremdenfeindlich, man ist politikerfeindlich. Merke: Was kein Mensch je privat so macht, hält man im Staat für angebracht. – Und das kann man einfach nicht nachvollziehen.

Was den Ernst der Bedrohungslage von außen angeht, so warnte das Oberhaupt der syrisch-orthodoxen Kirche, Patriarch Ignatius Aphrem II. Karim (Damaskus), vor Anschlägen der Terrororganisation „Islamischer Staat" (IS) in Europa. Er habe Informationen, „dass der IS einige Hundert seiner Leute mit den Flüchtlingen nach Deutschland geschickt hat". Wie die Erfahrung zeigt, gibt es aber hier im Land auch genug Leute, die sich – aus welchen Gründen auch immer – als „Soldaten" des IS verstehen. Er empfiehlt übrigens ein Zusammengehen mit dem alawitischen Diktator Assad, denn „die größte Angst der Christen ist eine muslimische Regierung in Syrien – so wie Mursi und seine Muslimbrüder sie in Ägypten zu installieren versuchten". Den Westen warnte er: „Die meisten Flüchtlinge sind ja Muslime, das kann schon zum Problem werden.[33]

Auch der syrisch-katholische Erzbischof von Mossul (Nordirak), Yohanna Petros Mouche, kritisierte den Westen: „Die Menschen im Westen kämpfen für den Erhalt vom Aussterben bedrohter Tierarten. Wie können sie dann zusehen, wenn ein ganzes Volk vertrieben wird?" Er verlangte: „Gebt euch Mühe, den IS aus dem Land zu vertreiben! Heute sind sie bei uns. Morgen werden sie bei euch sein." Das Vertrauen der Christen zu ihren früheren muslimischen Nachbarn sei verschwunden. „Sie haben sich den IS-Kämpfern angeschlossen und uns in unseren Häusern angegriffen. Wir wollen nicht mehr mit ihnen zusammen leben." Für die Christen wünsche er sich „ein eigenes Gebiet, in dem wir sicher sind" sowie ihre Bewaffnung. „Sollte uns jemand angreifen, wollen wir unser Hab und Gut selbst verteidigen und unser Schicksal nicht mehr in die Hände anderer legen. […] Wir leben doch nicht im Sklavenzeitalter […] Christus hat uns befreit, und wir dienen niemandem außer dem Herrn. Konvertieren ist für uns undenkbar. Die Zahlung von Schutzgeldern lehnen wir kategorisch ab."[34]

Der Patriarch der chaldäischen Kirche, Louis Raphael Sako, hat in einem „Aufschrei aus Bagdad" gefordert: „Stoppt die Ermordung der Christen im Nahen Osten. Marschiert endlich ein!" Wenn man den Todesschwadronen des IS keinen Einhalt gebiete, könnten sie innerhalb einiger Monate die kulturelle und religiöse Vielfalt in seinem Land auslöschen, weil keiner mehr ein Leben in Todesangst ertragen könne.

Und nicht nur dort sind die Christen in Gefahr. Erst kürzlich erfolgte ein Bombenattentat auf das Herz der Kopten in Ägypten, die Kairoer Markuskathedrale, mit 25 Toten. Allein in den letzten fünf Jahren seit dem „Arabischen Frühling" sind schon etwa neunzig Kirchen niedergebrannt und zerstört worden – so Ezzat Boulos, Chefredakteur des Online-Dienstes *Copts United*.

Der syrisch-orthodoxen Ordensschwester Hatune Dogan zufolge hat „Berlin" in der Flüchtlingskrise versagt. 2015 seien viele sunnitische Muslime ins Land gekommen, die die grundlegenden europäischen Werte wie Religionsfreiheit und Demokratie zutiefst ablehnten. Sie warnt: „Europa hat die Wölfe reingelassen, während die Schafe noch draußen stehen." Für „echte Flüchtlinge", etwa bedrängte religiöse Minderheiten, müsse die Tür nach Europa aber immer offen sein. Schwester Hatune gründete das Hilfswerk „Helfende Hände für die Armen" und die „Schwester Hatune Stiftung". Sie koordiniert die Arbeit von weltweit über 5000 ehrenamtlichen Mitarbeitern in 37 Ländern. 2010 erhielt sie das Bundesverdienstkreuz und 2012 den Stephanus-Preis der überkonfessionell arbeitenden Stephanus-Stiftung, die treuhänderisch von der Internationalen Gesellschaft für Menschenrechte (IGFM) verwaltet wird.[35]

Wie man sich einen „Soldaten des IS" vorzustellen hat, zeigt das Videobekenntnis des siebzehnjährigen Flüchtlings aus Afghanistan, der in einem Regionalzug bei Würzburg fünf Fahrgäste mit einer Axt verletzte. Darin heißt es: „Im Namen Gottes, ich bin ein Soldat des IS und beginne eine heilige Operation in Deutschland, und Euch wird jeder Kämpfer des Islamischen Staates finden. So Gott will, werden sie Euch in Euren Häusern abschlachten. So Gott will [...], werden die heiligen Krieger starke Festungen bauen in Euren eigenen Ländern. So Gott will, werdet Ihr in jeder Straße, in jedem Dorf, in jeder Stadt und auf jedem Flughafen angegriffen. Bei Gott, der Islamische Staat hat so viel Macht, der allmächtige Gott hat (ihm) so viel Macht verliehen, dass Ihr überall angegriffen werden könnt und Euer Parlament auch. Ihr könnt sehen, dass ich in Eurem Land gelebt habe und in Eurem Haus. Bei Gott, ich habe diesen Plan in Eurem eigenen Haus gemacht. [...] So Gott will, werde ich Euch mit diesem Messer

abschlachten und Eure Schädel mit Äxten brechen."[36] (*idea Spektrum*, Nr. 30 vom 27. 07. 2016, S. 6f.)
Eine solch wahnsinnige Gedankenwelt ist aber keineswegs nur bei direkt dem IS angehörenden Leuten anzutreffen. Mitten in Jerusalem erklärte der Imam der Al-Aqsa-Moschee, Scheich Muhammad Ayed: „Sie [die Europäer] haben ihre Fruchtbarkeit verloren, deswegen verlangen sie nach unserer. Wir werden mit ihnen Kinder zeugen, weil wir ihre Länder erobern werden. [...] Oh Deutsche, oh Amerikaner, oh Franzosen und Italiener und alle, die so sind wie ihr. Nehmt die Flüchtlinge auf! Wir werden sie bald im Namen des kommenden Kalifats einsammeln." Man werde diesen Völkern sagen: „Das sind unsere Söhne." An die Muslime gewandt, erklärte er: „Die Juden und Christen werden euch nie mögen, aber ihr werdet dennoch nie ihren Religionen folgen. Diese dunkle Nacht wird bald vorüber sein, und dann werden wir sie niedertrampeln..."[37]

Wie soll man sich das irrationale und extreme – und dadurch gefährliche – Sonderverhalten der Deutschen erklären? Bassam Tibi lebt seit 54 Jahren unter Deutschen und glaubt auf der Basis dieser Erfahrung, ein Urteil fällen zu können. Sein Fazit lautet: „Ich beobachte, dass die Deutschen unausgeglichen sind. Entweder sie sind für etwas oder dagegen. Ein

Mittelmaß gibt es nicht." Er verweist auf zwei Gewährsleute, deutsch-jüdische Philosophen, die dasselbe beobachtet haben. Helmuth Plessner schrieb, dass die Deutschen immer wieder „dem Zauber extremer Anschauungen verfallen". Und Theodor W. Adorno sprach von einer deutschen Krankheit, die er „Pathos des Absoluten" nannte.

Hier könnte man aber noch bei anderen Persönlichkeiten fündig werden, die den Deutschen gegensätzliches extremistisches Verhalten und Maßlosigkeit vorwerfen, z. B. bei Clemenceau, Churchill, Christa Meves, Ludwig Erhard und anderen.[38]

Bassam Tibi kommt aus seiner Erfahrung zu der Einsicht: „Der hässliche Deutsche ist stets Nazi oder Gutmensch. Das sind die beiden Seiten derselben Medaille. Ich habe Angst, dass die Gutmenschen von heute morgen Nazis sind."[39] (Basler Zeitung a. a. O.) Wer noch den Typus des überzeugten Nazis in seiner Irrationalität und Totalität vor Augen hat, wird sich das auch gut vorstellen können.

Laut einer Emnid-Umfrage für die Universität Münster sagen 47 % der türkischstämmigen Deutschen: „Die Befolgung der Gebote meiner Religion ist für mich wichtiger, als die Gesetze des Staates, in dem ich lebe." „Die Bedrohung des Islams durch die westliche Welt rechtfertigt, dass Muslime sich mit Gewalt verteidigen", sagen 20 %. Bei 7 % (fast 200.000) heißt es: „Wenn es um die Durchsetzung des Islams geht, ist Gewalt gerechtfertigt."

In der Sendung *Hart aber fair* vom 5. September 2016 berichtete übrigens der Steiger Guido Reil – ein langjähriges SPD-Mitglied, Betriebsrat und Gewerkschaftsfunktionär – von seinen Beobachtungen, dass seine türkischen Arbeitskollegen früher alle Atatürk-Anhänger waren, nun aber Erdogan ergeben seien. Sie „werden jedes Jahr religiöser und nationaler". Da sie meistens die doppelte Staatsbürgerschaft haben, ist es auch ihr gutes Recht, für ihren Präsidenten und ihre Nation einzutreten. Die Religionsfreiheit steht ihnen ja ohnehin zu. Reil sagte auch, dass die immer wieder geäußerten Befürchtungen der Bürger und Warner allesamt eingetreten wären.

Tübingens Oberbürgermeister Boris Palmer (B90/Grüne) zeigte sich nach dem Besuch einer Asylunterkunft skeptisch über die Integrationschancen von Flüchtingen. Auf Facebook schrieb er: „Es fällt mir ungeheuer schwer, mir vorzustellen, wie wir diese Menschen in unsere Gesellschaft, unser Bildungssystem, unseren Arbeitsmarkt integrieren sollen." Zur Anspruchshaltung der überwiegend syrischen und afghanischen Asylsuchenden äußerte er sich kritisch: „Der Tonfall ist empört, fordernd, fast schon aggressiv." Dankbarkeit gebe es nicht. „Es nutzt niemandem, die Situation anders zu beschreiben, als man sie sieht."⁴⁰ Auf *Welt Online* (vom 14. August 2016) meinte er: „Die Zurückweisung eines Hilfesuchenden, der ein Minimum an Achtung für den Helfenden vermissen lässt, ist eine notwendige Grenzziehung, die uns in allen sozialen Kontexten schon die Selbstachtung gebietet. Auch unser Staat muss diese Selbstachtung unter Beweis stellen, wenn er das Vertrauen, das ihm die BürgerInnen entgegenbringen, dauerhaft rechtfertigen will."

Das christliche Hilfswerk Open doors hat am 17. Oktober 2016 in Berlin eine neue erweiterte Studie vorgestellt, die den Titel trägt *Mangelnder Schutz religiöser Minderheiten in Deutschland*. Sie dokumentiert 743 religiös motivierte Übergriffe auf christliche Flüchtlinge in Deutschland. Nur in jedem sechsten Fall wurden sie der Polizei angezeigt, 52 % davon erfolglos. Der Leiter von Open doors, Markus Rode, sagt, die Lage in deutschen Asylunterkünften sei „unfassbar dramatisch. […] Wir haben in Deutschland eine Situation, die dieses Landes nicht würdig ist. Und wir sprechen nach wie vor nur von der Spitze des Eisbergs."

Paulus Kurt, der Leiter des Arbeitskreises Flüchtlinge innerhalb des Zentralrats Orientalischer Christen in Deutschland, berichtete von Konvertiten, die sich aus Verzweiflung das Leben nahmen oder in ihre Heimatländer zurückkehrten. Viele

Christen seien voller Hoffnung nach Deutschland geflüchtet, würden aber nun bitter enttäuscht. Auch Volker Baumann, der Sprecher der Aktion für verfolgte und notleidende Christen, zeigte sich erschüttert über die Angst, in der christliche Flüchtlinge in Deutschland lebten. Und der Vorsitzende der Europäischen Missionsgemeinschaft, Frank Seidler, berichtete, dass teilweise auch Übersetzer Christen diskriminierten, indem sie bewusst falsch übersetzten oder sogar die Übersetzung verweigerten. Demgegenüber erklärte der EKD-Ratsvorsitzende Heinrich Bedford-Strohm, die Gewalt muslimischer Flüchtlinge gegen christliche Migranten sei kein flächendeckendes Problem.

Man hat den Eindruck, dass man die Wahrheit in Kirche und Politik auch gar nicht so genau wissen will und auch keine Anstrengungen unternimmt, um sie kennenzulernen. Das schöne Wunschbild vom künftigen friedlichen und aufgeklärten Zusammenleben, das man als Rechtfertigung für sein Handeln selbst braucht, könnte ja sonst Schaden nehmen.

Die Wirklichkeit in den Flüchtlingsunterkünften schildert aber z. B. eine eritreische Christin, die fließend arabisch spricht, dort als Übersetzerin arbeitet, sich aber nicht als Christin zu erkennen gibt und anonym bleiben will, folgendermaßen: „Christen werden von muslimischen Flüchtlingen unterdrückt, eingeschüchtert und schikaniert. Das ist normal." Auch Jesiden und Homosexuellen geht es so. Sicherheitsmitarbeiter und Übersetzer sind fast immer Muslime, die auch auf den ersten Blick einen sehr netten Eindruck machen. „Sie sind zumeist hier aufgewachsen, haben oft studiert, angesehene Berufe, und sie geben sich weltoffen." Das ändere sich aber, sobald sie unter sich seien. Dann sagen sie Sätze, wie ,,Deutschland muss islamisiert werden'. Sie verachten unser Land und unsere Werte." Im *Koran*-Unterricht verschiedener Moscheen erlebt sie: „Dort wird purer Hass gegen Andersgläubige gepredigt. Die Kinder bekommen es hier in Deutschland von klein auf beigebracht." In Flüchtlingsheimen erlebt sie, wie muslimische Jungen sich weigern, mit Christen zu spielen. Muslimische Frauen, die trotz ihres jugendlichen Alters schon mehrere Kinder haben, versucht sie behutsam über Verhütungsmethoden aufzuklären. Zur Antwort erhält sie: „Wir wollen uns vermehren. Wir müssen mehr Kinder bekommen als die Christen. Nur so können wir sie vernichten." Als sie darauf hinweist, dass es doch die Christen sind, die ihnen helfen und man ihnen dafür doch Dankbarkeit schulde, erfährt sie Ablehnung. Die Christen zu verteidigen, sei Sünde.

Es gibt vielfache Benachteiligungen von Christen. Muslimische Übersetzer übersetzen oft bewusst falsch zu deren Ungunsten, sodass sie u. U. keine langfristige Anerkennung auf Asyl bekommen. Es gibt Benachteiligungen bei der Essens- und Kleiderausgabe. Es gibt Drohungen, wie „wir schneiden dir den Hals durch". Fluchtgründe werden zum Nachteil der

Christen wiedergegeben usw. Besonders auf den Konvertiten (deren Beweggründe nicht immer echt zu sein brauchen) lastet ein permanenter Druck.

Das alles ist schwer oder gar nicht nachzuweisen. Und deswegen werden Kirche und Politik auf verlässliche Zahlen auch vergeblich warten. Wie leicht kann etwas uminterpretiert werden. „Da wird ein Christ von einem Muslim geschlagen, weil er in der gemeinsamen Küche Schweinefleisch isst – und der Dolmetscher gibt hinterher an die Leitung weiter, dass es lediglich einen allgemeinen Streit um die Küchennutzung gegeben hat." Vor Gericht hat so etwas alles keinen Bestand. Übrigens sind nur 14 % der Flüchtlinge, die 2015 in Deutschland einen Asylantrag gestellt haben, Christen. Der Rest sind Muslime.[41]

Der Ministerpräsident von Mecklenburg-Vorpommern, Erwin Sellering (SPD), der „Seehofer des Nordens", hat ebenfalls Bedenken gegen den Kurs der Kanzlerin: „Sie tut, als kämen die Sorgen nur von Rechtsradikalen und Dummköpfen." Und: „Es war und ist ein Riesenfehler, von hoher moralischer Warte so zu tun, als sei diese Politik alternativlos."[42]

Helmut Markwort zufolge ist die „Talkshow-These", die ungesteuerte Zuwanderung von Menschen sei nützlich aufgrund des hiesigen Mangels an Arbeitskräften, der „größte Schwindel". Daimler-Chef Dieter Zetsche hatte sogar prophezeit, dass die Flüchtlinge zur Grundlage werden könnten für das nächste Wirtschaftswunder. „Genau solche Menschen suchen wir bei Mercedes und überall in unserem Land." Wie viele Flüchtlinge hat Mercedes also bisher eingestellt? – Antwort: keinen einzigen. Zetsches Mitarbeiter hielten diese Menschen für nicht qualifiziert. Markwort: „Gutwillige Mittelständler berichten mir, dass ein bisschen Deutsch vielleicht reicht, um zu verstehen, dass eine Kiste zwei Treppen höher muss. Die Tastatur des Computers hingegen, heute überall im Einsatz, ist den Sprachfremden ein Rätsel."[43]

Die dreißig Dax-Konzerne, also die wertvollsten deutschen Aktiengesellschaften, hatten laut eigenen Angaben seit vergangenem Herbst zusammen gerade einmal 54 Flüchtlinge eingestellt. Dabei hatten gerade sie in einer Kampagne für mehr Migration geworben. „Heute, nach der Einwanderung von einer Million allein im letzten Jahr, will kein Konzern daran erinnert werden."[44]

Frank-Jürgen Weise, Chef der Bundesagentur für Arbeit und bis Jahresende 2016 zugleich des Bundesamtes für Migration und Flüchtlinge (BAMF) hält siebzig Prozent der Menschen, die zu uns gekommen sind, für grundsätzlich erwerbsfähig. Allerdings wird „ein Großteil von ihnen zunächst in die Grundsicherung fallen, bevor wir sie in Arbeit bringen. [...] Es wird lange dauern und viel kosten."

Der Präsident des Zentralverbandes des Deutschen Handwerks (ZDH) wird konkreter: „Eine nachhaltige Arbeitsmarktintegration dauert für die meisten sechs, sieben Jahre." Es gibt in Deutschland ja kaum Bedarf an Helfertätigkeiten, sondern an Fachkräften. Die kommen aber nicht maßgeschneidert aus Syrien. Aus Sicht der Wirtschaft müssen die Flüchtlinge erst die deutsche Sprache erlernen und die deutsche Kultur verstehen. Dann sollten sie „einige Monate" in eine Berufsvorbereitung gehen. „Erst dann kann die Vermittlung in Ausbildungsbetriebe klappen."

Eklatant ist, dass siebzig Prozent der Geflüchteten bisher keine Berufsausbildung haben. Damit haben sie kaum Chancen auf dem deutschen Arbeitsmarkt. Zugleich besteht aber die Gefahr, dass sie den Weg in die Lehre scheuen, weil er ihnen zu langwierig und mühselig ist und ihre Familien in der Heimat erwarten, dass sie rasch Geld verdienen. Damit droht aber vielen eine entmutigende Tagelöhner- oder Hartz-IV-Karriere. Und der Staat bekommt es mit einer großen Zahl unzufriedener und enttäuschter Menschen zu tun.

Nach Recherchen des NDR leisten viele Flüchtlinge in Deutschland Schwarzarbeit zu Dumpinglöhnen. Immer wieder vermitteln Besucher und sogar Mitarbeiter von Flüchtlingsunterkünften illegale Jobs und verlangen dafür die Hälfte des ohnehin niedrigen Lohnes als Provision. Laut einer Studie der Universitäten Tübingen und Linz arbeiten bis zu dreißig Prozent der mehr als eine Million Flüchtlinge, die 2015 nach Deutschland gekommen sind, in illegalen Jobs. „Es profitieren ziemlich viele Leute davon, dass andere in Not sind", sagte die Gewerkschafterin Emilija Mitrovic dem NDR.[44] Auf diese Weise wird nicht nur den Flüchtlingen geschadet, sondern auch den legalen Arbeitnehmern und den Arbeitslosen, weil sie durch die Dumpinglöhne unter Druck gesetzt werden.

Im Übrigen sind nicht die Dax-Unternehmen, sondern der in der Welt einzigartige deutsche Mittelstand der eigentliche Garant des deutschen Wohlstands. Vierzig Prozent aller Umsätze in der Wirtschaft tätigen kleinere und mittlere Unternehmen. Sie beschäftigen sechzig Prozent aller Arbeitenden und bilden 83 Prozent aller Lehrlinge aus. Jedes Jahr schaffen sie etwa 100.000 neue gut bezahlte Arbeitsplätze, in den vergangenen zehn Jahren also eine Million Stellen. Die Dax-Unternehmen hingegen haben im selben Zeitraum rund 200.000 Arbeitsplätze abgebaut. An jedem guten Arbeitsplatz im Mittelstand hängen mindestens zehn Gewerbetreibende, die dabei mitverdienen, vom Gärtner bis zum Steuerberater.

Und natürlich profitiert vor allem der Fiskus: „Ohne das vom deutschen Mittelstand erwirtschaftete Steueraufkommen könnte Deutschland niemals ein Viertel des gesamten EU-Haushaltes finanzieren und Millionen von Migranten auf Jahre hinaus alimentieren. Im Mittelstand werden in der Hauptsache die Gelder erwirtschaftet, mit denen Politiker und EU-Bürokraten später so sorglos umgehen. Der Mittelstand ist der sprichwörtliche Ast, auf dem alle sitzen – auch grüne Politiker, Hartz-IV-Empfänger und Migranten. Vielleicht sollten die Politiker und die Teile der Gesellschaft, die vor lauter Abneigung gegen Leistung, Arbeit, Traditionen und Nationalstaat den Blick auf das große Ganze verloren haben, sich einmal überlegen, dass auch sie auf diesem Ast sitzen."[45]

Greifen wir einmal die Lübecker Firma Baader heraus. Baader ist der führende Anbieter von Fischverarbeitungsanlagen und hat einen Weltmarktanteil von achtzig Prozent. In Island nennt man einen guten Mechaniker einen „Baader-Mann", vermutlich weil er an einer deutschen Baader-Anlage ausgebildet wurde. Hier herrscht Solidität und Qualitätsbewusstsein. Und genau aus diesem Grund findet Baader keine Arbeitskräfte, obwohl sie dringend gebraucht werden.

Einige Worte von Helmut Schmidt:

„Es ist ein Fehler gewesen, so viele Ausländer ins Land zu holen" (1981).

„Mir kommt kein Türke mehr über die Grenze" (1982).

„Wenn das so weitergeht, gibt es Mord und Totschlag, denn es sind zu viele Ausländer bei uns" (1994).

„Wenn wir auf Jahrzehnte so weiterverfahren wie bisher, dann muss ich für unser Vaterland schwarzsehen" (2006).

Würde man der heutigen Propaganda folgen, wäre Schmidt somit ein unmoralischer, schlechter Mensch, ein Rassist und Nationalist, wenn nicht sogar ein Menschenfeind, vollgestopft mit Vorurteilen. Das wird man aber wohl nicht im Ernst behaupten können. Helmut Schmidt hat sich immer gegen eine Mitgliedschaft der Türkei in der EU ausgesprochen, weil er befürchtete, dass wir dann in ihre ganzen Probleme mit hineingezogen würden.

Wohin – auch ohne EU-Mitgliedschaft und ohne Visafreiheit – eine Politik des dauernden Engegenkommens, der doppelten Staatsbürgerschaft etc. führt, konnte man am Sonntag, den 31. Juli 2016 sehen, an dem ca. 30.000 Deutschtürken für „ihren" Staatspräsidenten Erdogan demonstrierten, mit dessen Politik Deutschland große Schwierigkeiten hat – und er ist ja tatsächlich ihr Staatspräsident, weil sie ja zumeist die doppelte Staatsbürgerschaft besitzen.

Die enge Liaison mit der islamischen Welt, in die Deutschland schon allein durch die große Anzahl von Zuwanderern hineinmanövriert wurde, wird uns auch fernerhin große Probleme und Kosten verursachen. Der Freiburger Islamwissenschaftler Abdel-Hakim Ourghi warnte: „Deutsche Dachverbände wie die Ditib und der Zentralrat der Muslime vertreten die Interessen ihrer Herkunftsländer und sind unserem Staat nicht loyal gegenüber." Und auch die Frankfurter Islamwissenschaftlerin Susanne Schröter bestätigte: „Die strukturelle, finanzielle und ideologische Abhängigkeit ist einfach evident." Die Imame der Ditib seien von der türkischen Behörde Diyanet ausgebildet und bezahlt, Predigten würden direkt aus der Türkei nach Deutschland geschickt und hier verlesen. „Es gibt einen direkten Ideologietransfer, von Unabhängigkeit kann überhaupt keine Rede sein." Ditib sei „durchaus eine politische Gemeinschaft, die auch politische Inhalte transportiert".[46]

Zwar behaupten alle diese Religionsgemeinschaften, sie seien demokratisch, rechtstreu und überparteilich, aber wie sagte doch Erdogan? „Die Demokratie ist nur der Zug, auf den wir aufsteigen, bis wir am Ziel sind. Die Moscheen sind unsere Kasernen, die Minarette unsere Bajonette, die Kuppeln unsere Helme und die Gläubigen unsere Soldaten."

Der Islam ist auch seinem Wesen nach stark auf die Gestaltung des gesellschaftlichen Lebens ausgerichtet. Würde er darauf verzichten, müsste er sich selbst aufgeben. Es ist darum müßig und illusionär, von ihm eine Beschränkung auf rein innerliche Religiosität zu erwarten. Wir müssen also konstatieren: Der politische Islam ist mitten in Deutschland angekommen. Die Auseinandersetzung mit ihm wird uns noch lange in

Atem halten, von wichtigeren Dingen ablenken und viel Geld kosten. Allein schon durch die schiere Masse seiner Anhänger wird er noch mehr erstarken.

Der Psychologe und Islamforscher Ahmad Mansour, ein Deutsch-Palästinenser, der früher selbst fanatischer Muslimbruder war, warnt in seinem Buch *Generation Allah. Warum wir im Kampf gegen religiösen Extremismus umdenken müssen* die Deutschen, die in ihrer Toleranz leichtfertig mit den Gefahren des Islam umgingen. Die Extremisten verschärften nur bekannte Inhalte – weiter nichts. Nach den letzten Anschlägen sagte er zu denen, die gern so lange wegschauen, bis es nicht mehr geht: „Es macht mich wütend, dass wir erst jetzt eine Debatte führen und vermutlich auch bloß für zwei Wochen, danach ist scheinbar alles wieder in Ordnung. Ich fürchte, in Deutschland wird sich erst etwas bewegen, wenn auch hier einmal große Anschläge passieren."[47]

Man hat den Eindruck, dass unter Politikern und Kirchenleuten sehr viel Unkenntnis herrscht. Kaum einer hat die islamkritischen Werke arabischer Denker gelesen. Kaum einer weiß, was auf arabischen Schulen gelehrt wird. Kaum einer kennt das Alltagsleben in diesen Staaten und seine tiefe Prägung durch den Islam. Kaum einer kann sich die Mentalität dieser Menschen so richtig vorstellen. Man schließt immer von sich auf andere. Ohne solides Wissen, nur aus dem Bauch heraus oder aufgrund einer falsch verstandenen Christlichkeit und Ideologie werden weitreichende Entscheidungen getroffen. Gerade Kirchenleute müssten doch z. B. aus der Seelsorge wissen, wie schwer und langwierig es ist, die Einstellungen von Menschen zu ändern.

Innenminister Thomas de Maizière gab auf dem *Zukunftskongress Migration und Integration* in Berlin zu: „Wir haben die Bedeutung der Religion unterschätzt, auch bei uns." Das hätte aber nicht passieren dürfen und das zeigt, wie kenntnisarm und leichtsinnig man in der Regierung mit der Masseneinwanderung von Millionen umgeht.

Wie allmählich jeder weiß, hat Deutschland ein riesiges demografisches Problem, das Wohlstand und Identität unseres Volkes massiv bedroht. Und womit beschäftigen sich die evangelischen Landeskirchen seit Jahrzehnten? Mit unfruchtbaren homosexuellen Verbindungen und nicht etwa mit der Not und Verarmung kinderreicher Familien sowie der prekären Lage der Familien überhaupt. Das allein schon zeigt die Abwegigkeit und Realitätsferne (aber Ideologienähe zum Gender Mainstreaming) der kirchlichen Beschlüsse, zudem eine völlige und schon fast groteske Fehlgewichtung. Immer mehr Landeskirchen führen zunächst eine Segnung gleichgeschlechtlicher Paare ein und dann eine kirchliche Trauung, die der bisherigen Trauung heterosexueller Paare völlig gleichgestellt ist. Da nach Thomas Mann Homosexualität ein „Todessegen" ist, beteiligen sich die Landeskirchen demnach an der Weiterverbreitung einer Kultur des Todes, die ohnehin um sich greift – und das obwohl man immer wieder hoch und heilig versichert hatte, eine Gleichstellung mit der Ehe heterosexueller Paare werde es nicht geben.

Das erhöht nicht gerade die Glaubwürdigkeit einer Kirche. In Zukunft wird man sich daher verstärkt fragen müssen, ob mit relativ harmlos klingenden Beschlüssen nicht schon negative Entwicklungen eingeleitet werden sollen, denen man von Anfang an widerstehen muss. Wenn jetzt also z. B. in der Rheinischen Kirche die Missionierung von Muslimen eingeschränkt werden soll, dann könnte am Ende eine gänzliche Aufgabe der Islammission stehen.

Von den bundesweit zwanzig evangelischen Landeskirchen haben inzwischen vier die eingetragene Lebenspartnerschaft Homosexueller mit der klassischen Ehe gleichgestellt: Baden, Hessen und Nassau, Rheinland und Berlin-Brandenburg-schlesische Oberlausitz. Pfarrer, die eine Trauung gleichgeschlechtlicher Paare ablehnen, haben einen Gewissensschutz und müssen das nicht tun, jedenfalls vorerst nicht. Der Synodenbeschluss der EKBO sieht bereits vor, dass dieser nach Ablauf von fünf Jahren erneut auf den Prüfstand muss. Das hieße u. U., dass ein bekenntnistreuer Pfarrer in dieser Kirche dann keinen Dienst mehr tun kann.

Mit solchen Beschlüssen, die mit allerhand exegetischen Verrenkungen und unbegründeten historischen Behauptungen gegen den klaren Wortlaut der Hl. Schrift herbeigeführt werden, wird die Autorität der *Bibel* untergraben, die Spaltung der Christenheit vertieft, die gottgewollte Zuordnung von Mann und Frau aufgehoben und das tiefgründige christliche Ehebild verwässert, das eben auch die Zeugung von Kindern einbezieht. Dadurch wird ein gesamtgesellschaftlicher Schaden angerichtet. Man behauptet zwar, man folge nur gesellschaftlichen Entwicklungen – was für eine Kirche schon eine mehr als fragwürdige Aussage ist – und hole die Menschen nur dort ab, „wo sie sind", doch treibt man in Wahrheit die Dinge voran.

Der Staat stellt die Lebenspartnerschaft noch nicht mit der Ehe gleich und zahlt auch noch keine Pensionen für die Hinterbliebenen (wie z. B. die Rheinische Kirche). Triebfeder dürfte darum auch kaum die Liebe zu den Betroffenen sein, sondern die offensiv vertretene Gender-Mainstream-Ideologie, die vornehmlich in linken Kreisen zu Hause ist. Wohl nicht ganz zufällig waren ja auch viele der letzten Ratsvorsitzenden aktive Mitglieder der SPD (Huber, Schneider, Bedford-Strohm). Wie immer in solchen Kreisen wähnt man sich auf der Seite des Fortschritts, in Wahrheit handelt es sich aber nur um einen Rückfall in vorchristliche Verhältnisse, die alles andere als erfreulich waren.

Was man unter „Ehe" und „Familie" verstand, war bisher völlig klar. Nun werden diese Begriffe erweitert, umdefiniert (wie in Frankreich, Spanien, Belgien und Italien) und auf EU-Ebene bewusst verunklart. In zwölf EU-Ländern können Homosexuelle mittlerweile eine „Ehe" eingehen.[48] Rechtsfragen zu Ehe und Familie fallen nach dem Subsidiaritätsprinzip in der EU allein in den Kompetenzbereich der einzelnen EU-Staaten. Deshalb konnten Volksreferenden in Kroatien (2012) und Rumänien (2016) mit dem Ziel erstritten werden, die Definition der Ehe als Lebensbund zwischen Mann und Frau in der Verfassung zu verankern. In Kroatien führte das bereits mit einer überwältigenden Zweidrittelmehrheit zum Erfolg, in Rumänien steht es bevor. Von einer Reihe anderer Länder ist ebenfalls keine Änderung des Ehebegriffs zu erwarten. Einer Studie zufolge lehnen besonders die ukrainische, estnische, polnische und slowakische Bevölkerung die „Homo-Ehe" ab. In Slowenien musste 2015 sogar ein Gesetz zurückgezogen werden, mit dem diese eingeführt werden sollte.

Auch in Deutschland konnte bisher ein solches Gesetz verhindert werden. Da die EU nun auf solche Länder mit traditionellem Eheverständnis keinen direkten Einfluss ausüben kann, versucht sie es indirekt. Denn in den Organen der EU sitzen einflussreiche Personen, die Ehe und Familie aushöhlen wollen und mächtige Verbündete der Gender- und Homo-Lobbygruppen sind. In immer mehr Rechtsakten der EU (Verordnungen, Ausführungsbestimmungen, Richtlinien etc.) versucht man daher immer mehr Personen als „Familienmitglieder" einzuschmuggeln, die da nach altem Recht nicht hingehören – bis hin zu „Partnern mit einer Intimbeziehung".

Hedwig v. Beverfoerde: „Summa summarum: ein unglaubliches Durcheinander in grundlegenden Rechtsbereichen! Man weiß nicht mehr, wovon die Rede ist. Da aber keine Klarheit darüber herrscht, was genau Ehe und Familie ist, wird es zum einen immer schwerer, die europäischen Rechtsakte zu verstehen und anzuwenden, zum anderen erzeugt diese Unklarheit Druck hin zur Begriffserweiterung und untergräbt damit den Schutz von Ehe und Familie."[49]

Wohin die Reise geht, sagte der Erste Vizepräsident der EU-Kommission, Frans Timmermans, auf einer Gala-Veranstaltung der schwul-lesbischen Interessenvertretung „ILGA Europa": „Die EU-Kommission wird für LGBTI-Rechte in allen internationalen Gremien global kämpfen: in den Vereinten Nationen, der OSZE, im Europarat und überall dort, wo LGBTI-Rechte noch nicht akzeptiert sind […] Die EU-Kommission sollte darauf hinwirken, dass alle EU-Mitgliedsstaaten die Homo-Ehe vorbehaltlos anerkennen."

Ein probater Hebel, um das durchzusetzen, ist das innerhalb der EU geltende Freizügigkeitsabkommen. Durch Umzüge könnten dadurch in einem Land mehere Eheformen nebeneinander bestehen, obwohl das eigentlich gegen die Gesetze des Landes ist. Da die Gerichte einiger Länder auch bestehende muslimische Kinderehen und Vielehen anerkennen, können selbst diese dann neben landesüblichen legitimen Ehen praktiziert werden.

Daher interessieren sich auch die Muslime für eine Ausweitung des Ehebegriffs. So hat z. B. die Union der islamischen Gemeinden und Organisationen in Italien (UCOII) vor kurzem die Anerkennung der Vielehe gefordert. Und ihre Begründung war ganz einleuchtend: „Wenn es hier um Zivilrechte geht, dann ist Polygamie ein Zivilrecht. Muslime sind mit homosexuellen Lebenspartnerschaften nicht einverstanden, und trotzdem müssen sie ein System akzeptieren, das sie erlaubt."

Angesichts der Massen von Muslimen in der EU kann man davon ausgehen, dass solche Forderungen nach der Vielehe (mit womöglich ausufernden staatlichen Versorgungsansprüchen), wie auch der Ehe mit Kindern bald immer lauter vorgetragen werden. Man sieht also: Wer die Ehe umdefiniert und sie für bestimmte Interessengruppen öffnet, kann sie anderen Gruppen nicht verwehren. Homo-Verbände aber auch evangelische Landeskirchen fungieren somit als Speerspitze für den fundamentalistischen Islam.

Das Gemeinschaftsrecht der EU braucht daher dringend eine präzise Begriffsbestimmung von Ehe und Familie. Dafür setzt sich – unter Wahrung der nationalen Kompetenzen – seit einigen Monaten eine Europäische Bürgerinitiative ein, „Mum Dad & Kids / Vater, Mutter, Kind", die von Hedwig Freifrau v. Beverfoerde koordiniert wird (www.vatermutterkind.eu) Freifrau v. Beverfoerde organisiert bereits seit 2014 das „Aktionsbündnis für Ehe und Familie – Demo für alle". Bürger aus mehreren EU-Ländern wollen nun auf EU-Ebene gegen die gesellschaftspolitischen Brüsseler Experimente angehen und sie nicht länger dulden.

Ulrich Wilckens, der Lübecker Altbischof und geachtete Professor für Neues Testament, schreibt: „Wenn homosexuelle Paare sich zu dauerhafter gegenseitiger Treue verpflichten, so ist das gewiss ein wichtiges Element dessen, was eine Ehe bestimmen soll. Doch kann dies eine Gleichstellung mit der Ehe begründen? […] Auch eine Adoption von Kindern oder die Mitnahme eigener Kinder in eine Partnerschaft kann eine Gleichheit homosexueller Gemeinschaften mit Ehen keineswegs ‚vervollständigen'. Denn Kinder brauchen, um seelisch unbeschadet aufzuwachsen, eine Frau als Mutter und einen

Mann als Vater. Es sind realitätsferne Idealbilder, die von Vertretern der Homosexuellenbewegung der Öffentlichkeit vor Augen geführt werden, um eine allgemeine Anerkennung der Gleichheit und Gleichwertigkeit homosexueller ‚Lebenspartnerschaften' mit Ehen zu erreichen. Den homosexuellen Menschen wäre mehr gedient, wenn man die oft schweren inneren Nöte, die mit dieser ‚Lebensform' zumeist verbunden sind, der Öffentlichkeit auch mit bekanntmachte. Das würde dem menschlichen Verstehen dienen, dessen sie nicht weniger bedürfen, um in ihrer Menschenwürde ernstgenommen zu werden, als viele Ehepartner in unserer modernen Lebenswelt. Christliche Liebe jedenfalls darf gleichgeschlechtlich lebende Menschen nicht aus hilfreicher Seelsorge ausschließen, wenn diese sich nicht von sich aus entziehen. Christliche Seelsorge würde aber unwahrhaftig, wenn sie ihnen verschwiege, dass es nach dem Urteil Gottes Sünde ist, wenn sie ihre homosexuelle Lebensweise als ‚völlig normal' erachten und dafür von Gott und den Menschen Anerkennung fordern."[50]

Der Papst sieht das übrigens in seinem apostolischen Schreiben *Amoris laetitia* (*Die Freude der Liebe*) genauso. Im Gegensatz zu den EKD-Papieren verwirft der Papst die Gender-Ideologie ausdrücklich, „die den Unterschied und die natürliche Aufeinander-Verwiesenheit von Mann und Frau leugnet". Hiermit werde „die menschliche Identität eine individualistischen Wahlfreiheit ausgeliefert" (Nr. 56). „Was die Pläne betrifft, die Verbindung zwischen homosexuellen Personen der Ehe gleichzustellen, gibt es keinerlei Fundament dafür, zwischen homosexuellen Lebensgemeinschaften und dem Plan Gottes über die Ehe und Familien Analogien herzustellen, auch nicht in einem weiteren Sinn. Es ist unannehmbar, dass auf die Ortskirchen Druck ausgeübt wird und dass die internationalen Organisationen Finanzhilfen für ärmere Länder von einer Einführung der ‚Ehe' unter Personen des gleichen Geschlechts in ihrer Gesetzgebung abhängig machen" (Nr. 251). Am 13. Mai 2010 nannte Benedikt XVI. in Fatima die Abtreibung und die „Ehe" von Personen des gleichen Geschlechts die „heimtückischsten und gefährlichsten Probleme, die heute einem gemeinsamen Heil im Wege stehen".

In der evangelischen Kirche wird heute oft darauf hingewiesen, dass Luther die Ehe als ein „weltlich Ding" bezeichnet habe. Dies geschieht wohl in der Absicht, die Bedeutung der Ehe als Institution herunterzuspielen und sie um andere Gemeinschaftsformen, wie etwa gleichgeschlechtliche Verbindungen, zu erweitern. Luther hat aber auch die Ehe als „göttlich Werk und Gebot", „göttliche Ordnung", „heiligen Stand" und „Stiftung Gottes" bezeichnet. Er wollte sie lediglich nicht als Sakrament werten, da ja auch Heiden eine Ehe führen können. Die Ordnung der Ehe war für ihn von Gott vorgegeben, gewollt und gesegnet, der Grund, auf dem Eheleute stehen, schon bereitet. Der so begründete Ehestand läuft all seinen Vollzügen voraus. Er ist im Ursprung eine göttliche Angelegenheit mit dem Ziel, eine Angelegenheit in Christus zu werden.

Der Ehestand als solcher war wichtiger und umfassender als das Gefühl. Das Gefühl spielte bei seiner eigenen Verheiratung nicht die entscheidende Rolle. Eigentlich hätte er lieber Eva Schönfeld geheiratet als deren Klosterschwester Katharina. Doch von den drei Heiratskandidatinnen blieb nur Katharina übrig. Durch die Hochachtung des von Gott vorgegebenen Ehestandes entwickelten sich im Lauf der Zeit aber doch Zuneigung und Liebe. Die Ehe als heiligen Stand konnte er nicht genug rühmen: „Man soll keinen Stand vor Gott besser sein lassen als den ehelichen." Für ihn gab es einen Unterschied zwischen „ehelich sein und das eheliche Leben erkennen". Es sollte bewusst in einem bestimmten, erweiterten Sinnhorizont betrachtet und nicht einfach nur dahingelebt werden. Wer das nicht „erkennt", kann in der Ehe nicht ohne Unlust, Mühe und Jammern leben. „Wer es aber erkennt, der hat Lust, Liebe und Freude drinnen", und „die es erkennen, sind eben die: die festiglich glauben, dass Gott die Ehe selbst eingesetzt, Mann und Weib zusammen gegeben, Kinder zu zeugen und aufzuziehen verordnet hat." Die Verfechter gleichgeschlechtlicher „Ehen" können sich also gewiss nicht auf Luther berufen.

Das Lustprinzip und unser Fühlen standen für Luther nicht im Vordergrund. „Unser Fehler und Mangel ist nur, dass wir nach unserem Fühlen Gottes Werk richten, und sehen nicht auf seinen Willen, sondern auf unser Verlangen." Wichtig ist ihm immer die geistliche und göttliche Sichtweise, gerade auch im Hinblick auf die Kinder: „Denn ganz gewiss sind Vater und Mutter ihrer Kinder Apostel, Bischöfe und Pfarrer, indem sie das Evangelium ihnen kundtun." Auch deshalb gehören zum Ehestand die Kinder unbedingt dazu.[51]

Nach Dietrich Bonhoeffer sind die göttlichen Mandate, wie u. a. die Ehe, „von oben her in die Welt hineingesenkt als Gliederungen – ‚Ordnungen' – der Christuswirklichkeit, das heißt der Wirklichkeit der Liebe Gottes zur Welt und zu den Menschen, die in Jesus Christus offenbart ist. Sie sind also keinesfalls aus der Geschichte herausgewachsen, sie sind nicht irdische Mächte, sondern göttliche Aufträge. Was Kirche, Ehe und Familie, Kultur und Obrigkeit ist, kann nicht anders als von oben her, von Gott her, gesagt und verstanden werden. Die Träger des Mandats sind nicht Beauftragte von unten, Vollstrecker und Exponenten menschlicher Willensbildungen, sondern im strengen unabdingbaren Sinne Beauftragte, Stellvertreter, Platzhalter Gottes. Das gilt ganz unabhängig von der Art und Weise ihres Zustandekommens einer Kirche, einer Familie, einer Obrigkeit. So ist in dem Mandatsbereich ein unaufhebbares Oben und Unten gesetzt kraft göttlicher Ermächtigung."[52] Wenn also die rheinische Kirchenführung sagt, „Wir müssen heute über Ehe und Familie reden, weil sich unsere gesellschaftliche Realität verändert hat", ist dies genau das, was Bonhoeffer ablehnt.[53]

In der *Zeitschrift für die Evangelische Jugend in Deutschland* schreibt der Referent für Theologie, Hochschul- und Genderpolitik beim Verband der Evangelischen Studierendengemeinden in Deutschland (ESG), Uwe-Karsten Plisch, die *Heilige Schrift* entwerfe „im Ganzen keine geschlossene Vorstellung von ‚Ehe und Familie'" und auch Jesus habe keine geschlossene Ehevorstellung entwickelt. Erst in neutestamentlicher Zeit habe sich die Einehe durchgesetzt, aber „wohl eher aus sozialen Gründen" als durch theologische Einsicht. Das mag formal richtig sein. Doch werden die strengen Worte Jesu über Ehebruch (Matth. 5) und die tiefgründige Deutung der Ehe durch Paulus (Eph. 5), die polygames Verhalten ausschließen, hier unterschlagen. In einem weiteren Artikel beschäftigt sich der Theologische Referent der Nordkirche Jörn Möller vom Amt für Öffentlichkeitsarbeit der Nordkirche mit einer Regenbogenfamilie und einer „Taufe mit acht Großeltern". Sein Fazit: „Ein getauftes Kind und zwölf glückliche Eltern und Großeltern – so wird Segen sichtbar." Man sieht, wie in der EKD die politischen Vorgaben aufgenommen werden und mit Nachdruck an der Erweiterung des Ehe- und Familienbegriffs gearbeitet wird. Ganz offensichtlich kommt hier etwas ins rutschen. Wenn das so weiter geht, werden wir noch erleben, wie ein Mann mit zwei oder mehr Frauen „verantwortungsvoll und gut" im Pfarrhaus lebt, aus „Liebe" natürlich, die ja bekanntlich das Größte ist, und mit biblischer Begründung.

Simone de Beauvoir, die zusammen mit Sartre eine Beziehung zu fünft als hetero- und homosexuelle Beziehung zugleich probierte, ist schon mit ihren Thesen zur heimlichen Kirchen-Gevatterin avanciert. Wenn man an den berüchtigten Toilettenfilm der EKD *Nur eine Tür* denkt, kann Nero das vielleicht auch noch schaffen. Während seiner Tournee in Griechenland trat der Kaiser mit Damenfrisur auf, mit dunkelblondem, stufig geschnittenem Haar, wie es heißt. Auch als Trendsetter der Ehe für alle eignet er sich. Immerhin hat er sich seinem Freigelassenen Doryphorus zum Weibe gegeben.

Man wird die Diskussion über den christlichen Ehebegriff vielleicht für theologisch spitzfindig und praktisch belanglos halten. Man kann aber gerade heute deutlich sehen, wohin das führt, wenn die traditionelle Ehe und Familie nicht mehr die besondere Achtung und Förderung durch Kirche, Staat und Gesellschaft erfahren: zur Instabilität und Morbidität der kleinen gesellschaftlichen Zellen, aus denen sich der Staat aufbaut und letztlich zum Tod des Gemeinwesens. Übrigens bezeichneten sich in fast allen Ländern nie mehr als ein bis zwei Prozent als homosexuell. Laut einer Emnid-Umfrage aus dem Jahr 2000 gaben 1,3 Prozent der Männer und 0,6 Prozent der Frauen an, homosexuell zu sein. Als bisexuell bezeichneten sich 2,8 Prozent der Männer und 2,5 Prozent der Frauen. Der Mikrozensus von 2011 ergab ganze 0,1 Prozent eingetragene Lebenspartnerschaften. Selbst wenn man gewiss auch der Not und den Problemen kleiner Gruppen nachgehen muss und sie nicht einfach als irrelevant erklären kann, so tritt hier doch ein merkwürdiges Missverhältnis im Hinblick auf die Nichtbeachtung und Überforderung der Familie zutage, denn immerhin waren zum selben Zeitpunkt 45,7 Prozent der Bevölkerung verheiratet.

Wir haben es hier also mit einer gesteuerten öffentlichen Aufmerksamkeit zu tun, die den realen Proportionen der sexuellen Orientierung und der Eheschließungen nicht angemessen ist, und die – neben den einschlägigen Verbänden und linksliberalen Politikern, zu denen man auch CDU-Politiker zählen muss – auch von der EKD in einer Vorreiterrolle inadäquat forciert wird.

Viel relevanter und notweniger für den Staat wäre aber gerade heute eine ideelle wie finanzielle Beachtung und Stärkung der traditionellen Familie, hängen von ihr doch der Fortbestand und die Stabilität unseres deutschen Gemeinwesens ab. Eher wird aber im Gegenteil alles gefördert und schöngeredet, was die Familie belastet und schwächt. Das reicht bis in die evangelischen Orientierungshilfen und Kirchenzeitungen wie *Chrismon*, die das Loblied der aushäusigen Frauen und der Patchworkfamilien singen. Hier dürfte noch das Familienbild von Marx und Engels durchschimmern, wonach die Ehe einengend und daher aufzulösen sei. Bei den vielen Kirchenfunktionären aus dem marxistisch geprägten Politikbetrieb ist dieses Bild im Hinterkopf auch nicht weiter verwunderlich. Die Achtundsechziger sind bei ihrem Marsch durch die Institutionen auch in der Kirche oben angekommen, und das merkt man.

Vielleicht sollte die EKD – wenn sie schon weltliche Stimmen präferiert – sich statt bei Marx und Engels einmal bei Rousseau umsehen. Der warnte schon vor über 250 Jahren in seinem berühmten Bildungsroman *Émile oder Über die Erziehung* vor dem „Verlust der Mütterlichkeit": „Noch nicht zufrieden damit, dass sie ihre Kinder nicht mehr stillen, gehen die Frauen jetzt sogar so weit, gar keine Kinder mehr zu bekommen [...] Da sehen wir das Schicksal, das Europa bevorsteht. Die Wissenschaften, die Künste, die Philosophie, die Moral – sie werden absterben. Die Frauen, die keine Mütter mehr sein wollen, werden Europa in eine Wüste verwandeln."

Seit zwölf Jahren gibt es den „Marsch für das Leben" in Berlin, veranstaltet vom „Bundesverband Lebensrecht", dem zahlreiche Vereinigungen angehören, die sich für ein Europa ohne Abtreibungen und Euthanasie einsetzen. Dieser Marsch ist jedesmal ein Spießrutenlauf für die Teilnehmer; nur die Polizei kann sie vor Tätlichkeiten schützen. Unverhüllter Hass brandet ihnen entgegen. Sie müssen sich Parolen anhören wie „Hätt' Maria abgetrieben, wärt ihr uns erspart geblieben", „Kreuze in die Spree", „Die Deutschen sterben aus, wir klatschen laut Applaus" und „Religion abtreiben". Und es gibt noch blasphemischere Provokationen. (Was wäre wohl passiert, wenn sie gewünscht hätten, es gäbe keine Muslime?) Der abschließende ökumenische Gottesdienst wurde, trotz der vielen Polizisten, durch Lautsprecher und Hassparolen massiv gestört. Noch nie wurde im Nachkriegsdeutschland ein christlicher Gottesdienst so erfolgreich angegriffen. Eine neue Dimension der Christophobie war damit in unserem Land eröffnet. Den Medien war das aber kaum eine Bemerkung wert.

In diesem Jahr beteiligten sich fünf katholische Bischöfe an dem Marsch. Der Regensburger Bischof Rudolf Voderholzer würdigte die Teilnehmer als „Lobbyisten des Lebens" und sagte: „Wir sind nicht gegen jemanden, sondern für das bedingungslose Lebensrecht jedes Menschen." Auch die Evangelikalen engagierten sich sehr stark. Der Generalsekretär der Deutschen Evangelischen Allianz, Hartmut Steeb, lief mit.

Drei landeskirchliche Bischöfe sandten Grußworte, Carsten Rentzing (Sachsen), Hans-Jürgen Abromeit (Mecklenburg-Vorpommern) und Frank Otfried July (Württemberg). Auch Politker der CDU und AfD nahmen am Marsch teil oder sandten, wie Julia Klöckner, Grußworte.

Der evangelische Berliner Bischof Markus Dröge hingegen distanzierte sich. Schon in der Vergangenheit verweigerte die Berliner Domgemeinde den Abschlussgottesdienst im Dom (Vorsitzende des Presbyteriums ist die FDP-Politikerin Irmgard Adam-Schwaetzer, die auch zugleich Präses der EKD-Synode ist). Die EKD insgesamt vermied, im Gegensatz zur katholischen Bischofskonferenz, eine klare Stellungnahme. Auf Anfrage der evangelischen Nachrichtenagentur idea teilte ein Sprecher des EKD-Kirchenamtes mit: „Die EKD nimmt Frauen und Eltern in einer Konfliktsituation ernst und ist der Meinung, niemandem eine Entscheidung aufzwingen zu dürfen [...] Bei dem sensiblen und komplexen Themenfeld menschlicher Existenz gibt es in einzelnen Punkten unterschiedliche Nuancen in der Wertung zwischen der EKD und den Veranstaltern des ‚Marsches für das Leben'."

Es geht aber hier nicht darum, irgendwelche differenzierten Papiere in der Schublade zu haben, sondern darum, sich öffentlich und mit Nachdruck für den Schutz ungeborenen Lebens einzusetzen, den Geboten Gottes Gehör zu verschaffen und kinderfreundliche Familienbedingungen anzumahnen.

Wie wäre es denn, wenn man sich mit dem gleichen Engagement wie für Asylbewerber für eine Willkommenskultur für Kinder einsetzte? Wenn eine Bewegung das versucht, ist es für eine Kirche ganz und gar abwegig, hier abseits zu stehen. Schließlich geht es auch darum, unzählige Väter und Mütter vor späterer Reue und großem Leid zu bewahren.

Im übrigen zwingt man keinem eine Entscheidung auf, wenn man an die Gebote Gottes erinnert, und es ist auch nicht das Recht der Eltern in „Selbstbestimmung" über einen anderen Körper, ein anderes menschliches Lebewesen, nämlich das ungeborene Kind zu verfügen. Es mag ganz schwere Notlagen geben, wo kein anderer Ausweg möglich erscheint (Vergewaltigung, Gefahr für das Leben der Mutter etc.), das wäre dann unter die göttliche Vergebung zu stellen. Die Selbstverständlichkeit, mit der aber pro Jahr in Deutschland ca. 100.000 offiziell gemeldete Abtreibungen vorgenommen werden – die Einwohnerzahl einer Großstadt – ist zutiefst gottlos und inhuman, zumal über neunzig Prozent davon medizinisch nicht indiziert sind. Was ist das für eine grausame und heidnische Gesellschaft, die so etwas praktiziert und noch denkt, Gott werde diese Missachtung seines Willens ungestraft lassen? Und was ist das für eine Gesellschaft, die das Kindergeld in diesem Jahr um zwei Euro pro Monat erhöht, während für Asylbewerber mit unterschiedlichster Berechtigung und oft sehr fragwürdigem Verhalten das Bundesfinanzministerium bis 2020 nicht weniger als 94 Mrd. Euro einkalkuliert? Das kann man doch nur als blanken Hohn gegenüber dem eigenen Volk werten.

Gegen den „Marsch für das Leben" 2016 in Berlin wandte sich übrigens ein „Bündnis für sexuelle Selbstbestimmung" und rief zu einer Gegendemonstration auf. Der Regierende Bürgermeister Berlins, Michael Müller (SPD), weite Teile der Berliner SPD, die Grünen und die sozialistische Partei Die Linke stellten sich dahinter. Auch die Vorsitzende der Linkspartei, Katja Kipping stand als „Feministin und Sozialistin" hinter den Protesten.

In Deutschland wurden 2015 700.000 Kinder geboren. Noch Mitte der Sechzigerjahre waren es 1,4 Mio. Bereits seit Anfang der Siebzigerjahre übersteigt die Zahl der Todesfälle die der Geburten. Der demografische Niedergang nimmt also rasant zu. In dieser Situation ist es mehr als angebracht, alle Hebel in Bewegung zu setzen, um unser Volk vor dem Aussterben zu bewahren und eine Willkommenskultur für das Leben einer Kultur des Todes entgegenzustellen.

Seit etwa der Zeit der *Stern*-Kampagne „Wir haben abgetrieben" am 6. Juni 1971 ist Abtreibung in Deutschland gesellschaftsfähig geworden. Es ist an der Zeit, diesen Trend umzukehren. Und es ist traurig und unverantwortlich, wenn Staatsorgane, Politiker, Bischöfe und Kirchen sich hier einer Unterstützung verweigern, denn „der größte Zerstörer des Friedens ist heute die Abtreibung" (Mutter Teresa). Es ist auch viel zu wenig bekannt, welch großes und lebenslanges Leid aus einem Schwangerschaftsabbruch entstehen kann. Häufige Symptome sind z. B.:

- Unendliche Trauer über den Tod des Kindes
- Belastende Geanken und Erinnerungen (Flashbacks) an das Trauma (Intrusion)
- Alpträume, Übererregungssymptome, Schlafstörungen, Konzentrationsstörungen etc.
- Vermeidungsverhalten (Vermeidung traumaassoziierter Stimuli)
- Emotionale Taubheit (allgemeiner Rückzug, Interesseverlust, innere Teilnahmslosigkeit)
- Depressionen bis hin zum Suizid
- Eine riesige Distanz zum Partner

Man kann sogar sagen, dass die Beziehung nach einem Schwangerschaftsabbruch in der Regel zerbricht. Die Vertreter der „sexuellen Selbstbestimmung" dürften in den wenigsten Fällen wissen, worauf sie sich da einlassen. Gewiss kann eine ausgetragene Schwangerschaft auch in große Probleme und große Not führen, vor allem, wenn das Umfeld und die Gesellschaft versagen.

Wladimir Palko, ein Mathematikprofessor und zeitweilig slowakischer Innenminister, schreibt: „Das Phänomen der Abtreibung und die Homosexuellen-Ehen sind nämlich nur die logische Konsequenz einer Revolution, die in den 60er-Jahren das Attribut ‚sexuelle' bekommen hat. Im Unterschied zum Kommunismus, der sich in erster Linie auf Terror stützte, verdankt diese Revolution ihren Erfolg der menschlichen Schwäche. Sie hat die Standards in den Sexual- und Familienbeziehungen aufgehoben."[54] Man muss einmal die Dimensionen erkennen, um die es hier geht. Angesichts dieser meinte der Pro-life-Aktivist Dr. Jack Wilkie sogar: „Die Abtreibung ist etwas so Unnatürliches, dass es sie in 50 Jahren nicht mehr geben wird."[55]

Hier ein paar Beispiele von leidenden Müttern aus der Praxis: „Ich hatte vor zwei Tagen die Abtreibung und es ist die schlimmste Zeit meines Lebens […] Die Reaktion meines Ex: ‚Melde dich, wenn es weg ist.' Mein Verstand sagt, es war die beste Entscheidung, doch mein Herz weint. Diese Sache hat mich auf brutale Weise verändert. Ich habe ein Leben getötet und diese Schuld werde ich mir nie verzeihen können. Ich habe das Gefühl zu sterben. Vergangene Nacht bin ich zusammengebrochen. Ich dachte, das war's. Ich sterbe jetzt an meinem gebrochenen Herzen. Was habe ich bloß getan? Wie konnte ich das zulassen? Warum war ich nicht stärker? Ich hasse mich …"

„Ich wurde ungewollt schwanger und beging den größten Fehler meines Lebens. Ich bereue meine Tat zutiefst, ich hätte gern mein Kind zurück. Ich komme nicht zur Ruhe und kann nicht mehr. Weshalb hat mich niemand gewarnt?"

„Ich habe mein Kind umgebracht und kann nicht mehr leben. Und: Mein Freund ist auf und davon. Jetzt habe ich alles verloren, den Freund und mein Kind, auf das ich mich so gefreut habe."

„Wir suchten eine Beratungsstelle auf. Als wir bei pro familia das Zimmer betraten, bereitete die Frau schon den Beratungsschein vor. Heftig, obwohl wir noch gar nicht miteinander gesprochen hatten. Warum wurden wir nicht aufgeklärt?"

Dies fragen traumatisierte Frauen immer wieder: „Wieso hat man es uns so furchtbar leicht gemacht?" – Ja, wieso?[56]

Die Art, wie in der EKD-Führung mit Frauen umgegangen wird, die sich publizistisch für Mütter, Kinder und die traditionelle Familie einsetzen, spricht Bände. Keine Geringere als Alice Schwarzer hat übrigens erkannt: „Bis heute bedrückt es mich, dass den Frauen nicht die Wahrheit gesagt wird über die Mutterschaft. Sie werden ja ungeheuer belogen […] Ja, es wird ihnen vorgegaukelt: Ihr könnt alles schaffen! Mutterschaft und Karriere kein Problem. Aber das ist ja nicht wahr. Selbst wenn die Frau das Glück hat, einen echten Partner zu haben, mit dem sie sich die Arbeit zu Hause teilt. Auch der kann ja unters Auto kommen. Und dann?" Gerade angesichts des vielen gegenteiligen Geredes, auch in den Kirchen, ist ihre Bemerkung interessant: „Ich hatte noch nie die Illusion, dass Frauen die Welt besser oder moralischer machen [...] Sie hatten in der Vergangenheit nur seltener Gelegenheit, sich die Hände schmutziger zu machen." Sogar einen potenziellen weiblichen Hitler hielt sie für möglich.[57]

Hier soll übrigens nicht grundsätzlich gegen die Berufstätigkeit von Frauen polemisiert werden. Es gab immer „arbeitende" Frauen: Bäuerinnen, Handwerkerfrauen, Selbstständige, großartige Ärztinnen, herrliche Künstlerinnen und andere, sogar Königinnen und Kaiserinnen. Zu kritisieren ist lediglich der staatlich-gesellschaftlich verursachte Zwang, der Frauen vom Kinderkriegen abhält, der den Familien Zeit, Kraft und Geld raubt und sie damit funktionsuntüchtig macht.

Die Bundesregierung erklärte 2008 in einer Antwort auf eine Kleine Anfrage von Grünen-Politikern: „Die Bundesregierung vertritt weder die Auffassung, dass Homosexualität einer Therapie bedarf, noch dass Homosexualität einer Therapie zugänglich ist." Das war eine politische Antwort, denn aus wissenschaftlicher Sicht kann sie gar keine Antwort geben. Hier ist das Wesen der Homosexualität und ihre Therapierbarkeit nämlich immer noch umstritten. Zwar entschied die American Psychiatric Association 1973, Homosexualität aus der Liste der psychischen Krankheiten zu streichen, doch ist das Dr. med. Christl Ruth Vonholdt zufolge ebenfalls eine politische und keine fachliche Entscheidung. Sie legt dar, dass dies auf den Impuls weniger Aktivisten zurückzuführen sei, die Komplizen in der APA-Führung gehabt hätten.

Christl Vonholdt ist Ärztin für Kinder- und Jugendmedizin sowie Leiterin des Arbeitsbereichs Deutsches Institut für Jugend und Gesellschaft (DIJG) der ökumenischen Kommunität Offensive Junger Christen (OJC). Der Salzburger Weihbischof Andreas Laun hält sie „für die kompetenteste und beste Kennerin der Homosexualität". Für sie ist Homoerotik eine Zielverfehlung und damit in letzter Konsequenz Selbstverletzung. Darum befürwortet sie eine Reparativtherapie für Menschen, die Ich-Dystonie in Bezug auf ihre Homosexualität erleiden. Im Rahmen solcher Therapien sei die Veränderung der sexuellen Orientierung eine mögliche Folge. Das Argument, Homosexualität sei angeboren, ist ihrer Meinung nach nicht wissenschaftlich, sondern politisch motiviert. Theologisch sieht sie praktizierte Homosexualität als Sünde, weil sie das Ziel der Schöpfungsbestimmung des Menschen als Mann und Frau (die man ja schon am Körperbau ablesen kann) verfehle, als Abbild das Wesen Gottes widerzuspiegeln. Politisch lehnt sie alles ab, was homosexuelle Verhaltensweisen fördern könnte, insbesondere die Anerkennung gleichgeschlechtlicher Ehen. Hierin sieht sie eine „Umdeutung der Ehe", die sich auf die nächste Generation „zerstörerisch" auswirken werde. Die Forderung nach gleichgeschlechtlicher Ehe greife „tief in die menschheitsgeschichtlich tradierte Vorstellung von Ehe und Familie ein". Durch Sexualität außerhalb der heterosexuellen Ehe werde „die Ehe weiter ausgehöhlt und entwertet". Die rechtliche Anerkennung homosexueller Paare würde „zahlreiche Jugendliche in ihrer Identität verwirren, sie dazu ermutigen, sexuell zu experimentieren und auszuprobieren, ob man homosexuell oder heterosexuell sei, und eine heterosexuelle Identitätsfindung deutlich erschweren."[58]

Was für den Staat gilt, müsste für kirchliche Trauungen erst recht gelten. Im Gegensatz zu früheren kirchlichen Verlautbarungen heißt es nun aber durch den EKD-Ratsvorsitzenden Bedford-Strohm: „Die Bedeutung der Ehe zwischen Mann und Frau wird dadurch kein bisschen geschmälert." Das ist aber eine Behauptung, die ganz offensichtlich nicht zutrifft. Die tiefgründige Bedeutung der biblischen Eheauffassung – Paulus: „Das Geheimnis ist groß" – lässt sich keinesfalls mit einer Homo-Ehe auf eine Ebene heben. Verantwortlich und gut zusammenleben kann man auch in anderen Gruppierungen: Eltern-Kinder, Bruder-Schwester etc. Das ist aber noch keine

Ehe im biblischen Sinne zu der der Zeugungsauftrag und die Wahrung des Ehegeheimnisses (Eph. 5,32) hinzugehört. Und natürlich wird durch die Gleichsetzung von anderen Verbindungen mit der Ehe diese abgewertet. Zudem werden etwaige Lösungsmöglichkeiten wie Enthaltsamkeit, Sublimierung und Konversion gar nicht erst in Betracht gezogen (auch Pädophilen mutet man ja zu, ihre Neigung nicht auszuleben, und hält das auch für möglich).

Eine Organisation, die christlich orientierte Lebensberatung im Bereich Identität und Sexualität anbietet, ist „Wüstenstrom". Einer ihrer Gründer, Markus Hoffmann, hat früher selbst einmal homosexuell empfunden, ist jetzt aber mit einer Frau verheiratet und hat drei Kinder. Ihm, seiner Organisation wie auch Christl Vonholdt wirft man schädliche „Umpolungstherapien" vor. Beraten werden aber nur Menschen, die Fragen an ihr sexuelles Empfinden haben und Hilfe suchen. Manche davon haben auch den Wunsch, ihre homosexuelle Orientierung zu verändern. Grundsätzlich geht „Wüstenstrom" aber davon aus, dass Sexualität veränderbar ist und stützt sich dabei u. a. auf den Report von Alfred Kinsey, der 20.000 Amerikaner zu ihrem Sexualleben befragte. Auch in weiterer Literatur gibt es beachtenswerte Fälle von Umorientierungen. Hier sei nur auf einen besonders eindrucksvollen authentischen Fall verwiesen, der in dem Buch von Andreas Lombard *Homosexualität gibt es nicht* ausführlich beschrieben wird.

Die Schicksalsmächtigkeit und der große Druck, der auf Betroffenen lastet, sollen hier keinesfalls unterschätzt werden. Prägungen oder Veranlagungen können so stark und so tief sein, dass sie beim besten Willen nicht behoben werden können. Als Unbetroffener hat man da leicht reden. Diese Menschen erleben ihr Sosein ja als unerklärliches und unverschuldetes Geschick und wollen auch am Glück der Liebe teilhaben, die jeder Mensch braucht. Es kann daher auch nicht von oben herab geredet werden, sondern nur als Sünder zu Sündern. Dennoch darf die biblische Auffassung einer Ehe von Mann und Frau nicht infrage gestellt werden. Das hätte ungeahnt negative Folgen für die Gesellschaft und den Einzelnen und entspräche nicht dem Willen Gottes. Ein zentraler geistlicher Orientierungspunkt, eine allgemeingültige Zielvorstellung würde entfallen. („Darum sollt ihr vollkommen sein, gleich wie euer Vater im Himmel vollkommen ist." Matth. 5,48.) Man kann aber nicht etwas Unvollkommenes zum Endziel erklären, religiös überhöhen und feiern. Es darf keine Diskriminierung geben, aber wenn in evangelischen Landeskirchen die Verwischung der Geschlechterrollen, die durch das Gender Mainstreaming sowieso schon in der Kirche erfolgt und zur Desorientierung führt, noch bis zur kirchlichen Trauung gleichgeschlechtlich Liebender fortgeführt wird, ist das irreführend und sündhaft und deshalb abzulehnen.

Mit dem Publizisten und Verleger Andreas Lombard ist auch noch mehr zu bedenken. Aufgrund der Analyse eines authentischen Falles sagt er: „Ich kritisiere, dass das Wort ‚Homosexualität' heute vielen als eine Art Zauberformel gilt, als wäre es der Schlüssel zu einem glücklichen Leben. Vor gar nicht langer Zeit wurde die homosexuelle Neigung noch als ‚tragisch' bezeichnet. Es mag Gründe geben, das nicht mehr zu tun. Aber ich bezweifle, dass wir der Realität homosexuellen Lebens dadurch näher gekommen sind. Wir idealisieren Homosexualität heute gerne folgendermaßen: Die Neigung an sich ist ‚gut', alle Widerstände dagegen, womöglich auch die eigenen, sind ‚böse'. Das aber entspricht nicht der Wirklichkeit. [...] Es ist die Illusion entstanden, Homosexualität sei ein enttäuschungssicheres Identitätskonzept, eine Art Versprechen, das vor den Fährnissen des Lebens schützt. Denn wenn alle Nachteile angeblich nur auf die fehlende oder unvollkommene ‚Gleichstellung' zurückgehen, entsteht der Eindruck, die Sache selbst sei vollkommen unproblematisch. Das wäre zu schön, um wahr zu sein! Tatsächlich entlastet eine homosexuelle Neigung jedoch nicht von der Verantwortung für das eigene Leben, und sie schützt auch nicht vor den Zumutungen, denen jeder von uns als soziales Wesen ausgesetzt ist."[59]

Die Homosexuellenverbände türmen eine Forderung auf die nächste. In ihrem Ruf nach Gleichheit wird eine Spirale in Gang gesetzt, die nicht zur Ruhe kommen will. Ist die Anerkennung als Ehe und die kirchliche Trauung erreicht, wird das „Recht" auf Kinder gefordert. Je mehr äußere Gleichheit aber erreicht wird, desto größer wird das Gefühl der verbleibenden Ungleichheit werden, denn die Unterschiede werden ja trotz aller Bemühungen nicht verschwinden. Zudem: Gibt es nicht auch ein viel größeres Recht der Kinder auf ihre richtigen Eltern? Haben sie nicht ein Recht darauf, aus einer liebevollen Verbindung hervorgegangen zu sein? Wie fühlt sich ein Mensch, der vielleicht aus der anonymen Reproduktionsmedizin hervorgegangen ist? Als ökonomisierte und monetarisierte Ware, Teil eines weltweiten neuen Marktes? Wie erlebt sich jemand, der von vornherein ohne Vater oder Mutter geplant wurde? Wurde ihm nicht lebenslanges Leid angetan? Ist eine Leihmutter dasselbe wie eine richtige Mutter? Ist das wirklich erwiesen, dass das Aufwachsen bei gleichgeschlechtlichen „Eltern" einem Kind nicht schadet? Können darüber überhaupt schon genügend Erfahrungsberichte vorliegen? Darf man den Berichten bestellter „Experten" da wirklich trauen? Oder nicht doch lieber dem gesunden Menschenverstand? Führt das Erreichen äußerer Gleichheit und gleicher Rechte wirklich zum

Abbau von Spannungen in der Gesellschaft oder nehmen sie vielleicht nun gerade zu?

Lombard: „Als gesellschaftliche Leitidee führt die Gleichheit zu einer Ablehnung der traditionellen Familie, denn die Familie lebt nicht nur vom Unterschied, sie reproduziert ihn auch, den Unterschied zwischen Mann und Frau, Eigenem und Fremdem, Jung und Alt, Klein und Groß. Für die Anhänger der Gleichheit ist die Familie das ewige Skandalon, weil sie beweist, dass das Leben vom Unterschied lebt und nicht von der Gleichheit. Eine Gesellschaft, die die Unterschiede nicht mehr aushält, die die Spannung nicht erträgt, hat keine Zukunft. Der zunehmende Terror, den wir erleben, ist unter anderem eine Reaktion auf unseren Spannungsverlust, auch Dekadenz genannt."[60]

Für Lombard nimmt der „Antidiskriminierungskampf" inzwischen totalitäre Züge an. In einer multikulturellen Gesellschaft, die nicht im Bürgerkrieg versinken will, komme man wohl auch nicht darum herum. „Multikulti" führe am Ende zu einer Gesinnungsdiktatur, „damit die extrem verschiedenen Leute sich nicht massenhaft die Köpfe einschlagen". Die Menschen seien aber überfordert damit, alles und jeden nicht nur tolerieren, sondern auch anerkennen und wertschätzen zu sollen. Menschen haben auch das Recht, in ihren Gefühlen und Ansichten nicht genötigt zu werden. Im Falle der Homosexuellen hieße das, auch sie müssten wieder mehr Rücksicht nehmen auf die Bedürfnisse und die Identität der anderen. (Nicht jeder findet den Christopher-Street-Day wunderbar, für manche ist das „Sodom und Gomorrha".)

Erzwungene Anerkennung führe nur zu Heuchelei und noch mehr Abneigung, wenn nicht Hass. Nichts werde dadurch besser. Lombard: „Zu den Menschenrechten gehört auch ein Recht auf Abneigung – solange ich mit diesem Gefühl zivilisiert und rücksichtsvoll umgehe, das heißt diskret. Aber nicht einmal das soll es noch geben dürfen. Noch etwas kommt hinzu. Der Vorwurf der Homophobie wird praktisch nur gegen christlich geprägte Heterosexuelle erhoben, obwohl die mörderische Gefahr ganz offenkundig vom radikalen Islam ausgeht […] Aber die Wahrheit ist: Nicht der manchmal falsch verstandene ‚Rechtskatholizismus' beschert uns den von der ‚Homo-Lobby' gefürchteten reaktionären ‚Rollback', sondern die muslimische Masseneinwanderung. Die ist so stark und teilweise auch gewaltbereit, dass sich der Antidiskriminierungskampf lieber einen schwachen Gegner vorknöpft."

Abschließend und zusammenfassend sei mit Lombard noch auf folgenden Umstand verwiesen: „Die Gleichheitsidee ist ein starkes Movens der Massendemokratie, und das wird sie auch noch eine Weile bleiben. Die Unterschiede verschwinden dabei aber nicht. Sie verschwinden nur aus der Gesellschaft und kehren als Spannungen im Individuum wieder. Wenn ich keinen Außenhalt mehr habe, kein Oben und Unten, kein Gut und

Böse, wenn ich alles darf und alles dieselbe Wertigkeit hat, muss irgendwann jeder Einzelne alle Kämpfe in sich selber austragen. Diese Konjunktur seelischer Spannungen und Probleme wird völlig unterschätzt, obwohl sie offensichtlich zu immer größeren Problemen führt, die sich in Depression, Sucht und Gewalt äußern."[61] Es wäre sicher angebracht, dass die Gleichheitsideologen in den evangelischen Landeskirchen darüber einmal genauer nachdenken.

Im Übrigen muss man wissen, dass es sich bei diesem ganzen Bemühen, die traditionelle Familie zu erweitern, zu verändern und aufzulösen, um neue Anläufe einer alten Bewegung handelt. Nehmen wir als Beispiel die kommunistische Schriftstellerin, Funktionärin und Kommissarin Alexandra Kollontai, die sich bei der russischen Revolution durch besonderen Radikalismus hervortat und an deren Händen Blut klebte – eine Gallionsfigur des Feminismus. Aus ihren Büchern weht ein Geist von irrem feministischem Fortschrittsoptimismus. Und wir finden bei ihr alles wieder, was auch heute en vogue ist. Mit den Klassikern des Marxismus vertrat sie die Doktrin, dass die Ehe in der bürgerlichen Gesellschaft Versklavung für die Frau bedeute. Die bolschewistische Frau solle frei, vom Mann wirtschaftlich unabhängig sein und dorthin gehen, wohin ihr Herz sie zöge, auch sexuell. Für die Erziehung der

Kinder sei der Staat verantwortlich. Typisch für sie sind auseinanderbrechende und wechselnde Beziehungen, die Verachtung häuslicher Tätigkeit („Keine Küche, kein Familienleben und ähnlichen Unsinn"), Kinder, die keinen Vater brauchen („Die Organisation wird ihn großziehen. Wir werden Kinderkrippen einrichten") und die Befürwortung der Abtreibung. Sie ist die Erfinderin der Glas-Wasser-Theorie. Sexuelle Lust nach Belieben auszuüben, müsse so selbstverständlich sein, wie ein Glas Wasser auszutrinken. Es ist klar, dass solche Auffassungen mit der christlichen Ehemoral kollidieren.

In der Sowjetunion machte man aber mit der Lockerung des Eherechts so seine Erfahrungen und so straffte man später die Zügel wieder. Fortan galt dergleichen als westliche Dekadenz. Alexandra Kollontai wurde als weltweit erste Diplomatin überhaupt ins Ausland geschickt und fand dort Anerkennung und Verehrung. In Norwegen erhielt sie den höchsten Orden des Landes und in Schweden bekam sie als Botschafterin gebührende Aufmerksamkeit. In diesem Land feierte 2004 eine weitere kommunistische Feministin ihren Welterfolg: Elfriede Jelinek erhielt den Literaturnobelpreis. Was man in Russland inzwischen überwunden hatte, gilt im Westen noch als Gesellschaftsmodell der Zukunft.

Der zeitweilige slowakische Innenminister, der Mathematikprofessor Wladimir Palko, schrieb: „Als wir aus dem Kommunismus ‚nach Europa' gekommen sind, war uns klar, dass dieses nicht besonders christlich ist. Wir haben vermutet, dass wir wahrscheinlich, was das Christentum betrifft, auf Gleichgültigkeit stoßen würden. Aber darin haben wir uns geirrt. Man trifft dort nicht nur auf Gleichgültigkeit, sondern auch auf wachsende Feindschaft."[62]

An zahlreichen Beispielen aus der ganzen westlichen Welt kann man das belegen. Palko hat viele davon zusammengetragen. Man kann heute überall in der westlichen sogenannten „freien Welt" angegriffen, verfolgt und benachteiligt werden, vor Gericht kommen, bestraft werden, ja sogar seine Existenzgrundlage verlieren, wenn man sich aus christlichen Motiven dem herrschenden Zeitgeist nicht beugt, z. B. wenn man als Pastor kritische Bibelstellen zur Homosexualität zitiert – in England gibt es bereits den Spruch „Quote the Bible, go to Jail" („Zitiere die Bibel und gehe in den Knast") –, wenn man vor einer Abtreibungsklinik Zettel mit Hilfsangeboten verteilt und stille Gebete spricht, wenn man als Polizist bei einer Gayparade kein rosafarbenes Solidaritätsschleifchen trägt, wenn man als Bürgermeister da nicht mitmarschiert, wenn man als Krankenschwester ein Kreuzchen trägt oder für einen Patienten betet, wenn man die Sexualerziehung in der Schule seinen Kindern nicht antun will, wenn man den christlichen

Charakter des Abendlandes erhalten will, wenn man als Arzt die Abtreibungspraktiken nicht mitmacht usw. Als der freikirchliche Pastor Jakob Tscharntke aus Riedlingen exegetisch völlig korrekt auf rein biblischer Grundlage eine Predigt zum Asylantensturm von 2015 hielt und sich nicht der „Willkommenskultur" anschloss, erntete er gleich mehrere Anzeigen, darunter von seinem eigenen Verband. (Zur Ehre der Justiz sei aber gesagt, dass sie alle abgewiesen wurden.)[63]

Der Bremer Pfarrer Olaf Latzel äußerte sich ablehnend gegenüber anderen Religionen und wandte sich am 18. Januar 2015 in einer Predigt mit dem Titel „An Gideon die Reinigung von den fremden Göttern lernen", die man auf YouTube einmal anhören sollte, gegen Religionsvermischung und gemeinsame Gottesdienste, weil man eben nicht zu demselben Gott bete. Daraufhin fielen alle über ihn her. Die *Frankfurter Rundschau* nannte ihn „Hetzprediger", die *TAZ* „Pegida-Pastor" und die *Bild*-Zeitung „Pöbel-Prediger". Der Bremer Senat mit allen Parteien wandte sich gegen ihn, aber schlimmer noch, seine eigene bremische Landeskirche ebenfalls. Ihr Leiter, Renke Brahms, sprach von „geistiger Brandstiftung" und siebzig bremische Pfarrer und Pfarrerinnen demonstrierten am 4. Februar 2015 im Talar auf den Stufen des Bremer Doms gegen ihren Kollegen und dessen „Fundamentalismus" unter dem Motto „Bremen ist bunt. Wir leben Vielfalt". Offensichtlich freute man sich an der Gegenwart anderer Religionen ohne eine Gefährdung oder Irreleitung der Menschen durch sie zu erkennen. Latzel wurde wie Tscharntke wegen Volksverhetzung angezeigt. Und auch hier wurde die Anzeige abgewiesen. Beide Gemeinden standen treu zu ihren Seelsorgern. Dabei hatte Latzel in seiner Predigt auch „Liebe und Barmherzigkeit für Andersgläubige" gefordert und auch gesagt, wenn etwa „Muslime verfolgt werden, dann haben wir uns vor sie zu stellen. Das ist unsere Aufgabe als Christen". Übrigens lässt sich mit so gearteter moralischer Entrüstung auch viel Verlogenheit überspielen und verdecken. Schon Nietzsche wusste: „Niemand lügt so sehr als der Entrüstete." Es gab aber auch viel Zustimmung. Die *Basler Zeitung* nannte Latzel „Luthers letzten Streiter". Auf der Internetplattform Facebook forderten 7.800 Sympathisanten „Solidarität mit Olaf Latzel". Er erhielt 4000 E-Mails und seine Predigt wurde mehr als 300.000 mal gehört. Der Gottesdienstbesuch steigerte sich ganz erheblich.[64]

Deutlich schlimmere Verfolgung traf die Kanadierin Linda Gibbons. Sie hatte als junge Frau abgetrieben. Später wandelte sie sich und sprach vor Abtreibungskliniken Frauen an, die zum Töten ihres Kindes gekommen waren. Manchmal stand sie nur still da und betete. Dafür verbrachte sie schon sieben Jahre im Gefängnis. Die junge Mary Wagner aus Toronto hatte schwangeren Frauen in einer Abtreibungsklinik gesagt: „Es ist nicht zu spät, Sie können Ihr Denken noch ändern. Gott liebt Sie." Sie trat dabei still und ruhig auf. Das Resultat waren vierzig Tage Gefängnis. Zum Vergleich: Ebenfalls in Kanada gebar die neunzehnjährige Katrina Effert einen gesunden Sohn. Sie erdrosselte ihn und warf den Leichnam weg. Sie wurde zu drei Jahren Gefängnis auf Bewährung verurteilt und konnte frei nach Hause gehen. Man lebt eben in einer Kultur des Todes.

In den Niederlanden gab es eine Vereinbarung mit der Staatsanwaltschaft Groningen, wonach Ärzte, die Kinder mit dem Einverständnis ihrer Eltern töten, strafrechtlich nicht verfolgt werden. Bedingungen dafür waren „unerträgliches Leiden" oder „verminderte Lebensqualität". Letzteres kommt einem bekannt vor und erinnert an das „lebensunwerte Leben" der Nazis. Die hat man wegen der Tötung Behinderter immer wieder scharf verurteilt, nun macht man es selber. Wie man weiß, greift auch die Euthanasie von Alten und Kranken in den Niederlanden immer mehr um sich. Nicht zuletzt hat auch das Europaparlament ein „Menschenrecht auf Abtreibung" beschlossen. Die Pressesprecherin der „Christdemokraten für das Leben" (CDL) sagte dazu: „Mit seiner klaren Annahme des Berichtes hat das Europaparlament heute die absichtliche und bewusste Tötung eines anderen Menschen zu einem ‚Menschenrecht' erklärt. Europa hat damit erneut ein klares ‚Nein!'

zu seiner Zukunft gesagt [...] Wer den Lebensanfang für antastbar erklärt, wird vor dem Lebensende nicht zurückschrecken." Damit seien letztlich auch „alle anderen Phasen des Lebens zur Disposition gestellt". Auch der Politiker Bernd Lucke sagte im Plenum, ein pauschales Recht auf Abtreibung widerspreche den Menschenrechten und sei deshalb „völlig inakzeptabel".[65]

Der Eid des Hippokrates (um 460 – 370 v. Chr.) war jahrtausendelang Richtschnur für Ärzte. In ihm heißt es u. a.: „Ich werde niemandem, auch nicht auf seine Bitte hin, ein tödliches Gift verabreichen oder auch nur dazu raten. Auch werde ich nie einer Frau ein Abtreibungsmittel geben. Heilig und rein werde ich mein Leben und meine Kunst bewahren." Nimmt man solche Worte zur Kenntnis, kann man ermessen, wie tief das Europaparlament gesunken ist. Wie sich diese „westlichen Werte", die nun auch im Osten um sich greifen, tatsächlich auswirken, lässt sich anhand zweier Zahlen der Abtreibungsstatistik Rumäniens ermessen: 193.084 im Jahr 1989 und 992.265 im Jahr 1990.

Auch weitere Aspekte des Tarabella-Berichts sind kritikwürdig, so die Aussage: „Das Europäische Parlament stellt fest, dass durch die traditionellen Geschlechterrollen die Entfaltung der Frau eingeschränkt wird und sie deshalb ihr Potential als Mensch nicht ausschöpfen kann." (Diese Auffassung findet sich auch in einer Orientierungshilfe der EKD.) Die Abgeordnete Beatrix von Storch sagte dazu, ihr verschlage es die Sprache, wenn unterstellt werde, dass eine Frau, die „gemäß der traditionellen Geschlechterrollen" Mutter und Familienmensch sei, ihr Potenzial als Mensch nicht voll ausschöpfen könne. Man kann ja auch umgekehrt einmal fragen, ob die Karrierefrau oder die zwangsweise doppelt belastete berufstätige Mutter ihr menschliches Potenzial ausschöpfen kann.

Viel freier wäre eine Frau doch sicherlich, wenn sie sich, ihrer Begabung und Neigung entsprechend, wirklich frei entscheiden könnte und nicht, wie das heute der Fall ist, zur Berufstätigkeit gezwungen würde. Da das Muttersein schöpfungsmäßig in ihr angelegt ist – auch wenn die Feministinnen dagegen Sturm laufen und es als Versklavung betrachten – dürfte auch hier die größere Erfüllung winken. Es mag nicht bei allen Frauen so sein, aber als zwei Künstlerinnen, die in ihrem Beruf größte Erfolge hatten und hohe Erfüllung fanden, im Fernsehen einmal gefragt wurden, ob der Erfolg im Beruf das Opfer der Kinderlosigkeit wert gewesen sei, antworteten sie mit „Nein". Es waren dies Anneliese Rothenberger und Dagmar Koller.

Es ist anmaßend, wie das Europaparlament in die Familien hineinregiert und aufgrund unchristlichen marxistischen Denkens die Eheauffassungen und das Familienleben bestimmen will. Von den Ansichten der christlichen Gründerväter ist das meilenweit entfernt. Ein dermaßen marxistisch geprägtes Europa kann man als Christ nur ablehnen. Bezeichnend für den Geist des Europaparlaments ist auch der Fall Buttiglione. Rocco Buttiglione war als EU-Kommissar für Inneres und Justiz vorgesehen. Laut José Manuel Barroso, dem damaligen Vorsitzenden der Europäischen Kommission, war er für diesen Posten „perfekt vorbereitet". Als er von dem zuständigen Ausschuss zu den Themen Homosexualität und Familie befragt wurde, verwies er auf die Lehre seiner katholischen Kirche, an die er glaube. Gleichzeitig erklärte er aber, anderslautende Gesetze respektieren zu wollen. Daraufhin lehnte ihn am 11. Oktober 2004 der Ausschuss nicht nur für diesen, sondern für jeden anderen Europakommissarsposten ab.

Treibende Kraft war dabei neben dem Sozialistenchef Martin Schulz der „Rote Danny", Daniel Cohn-Bendit, der in jungen Jahren einmal einen Selbsterfahrungsbericht *Der große Basar* veröffentlichen ließ, in dem er seine erotischen Kontakte zu Kindergartenkindern beschrieb. (Heute sagt er, das sei fiktiv gewesen.) Buttiglione sagte dazu 2005: „Aus der Kommission hat mich ein Pädophiler katapultiert". Wie zu erwarten, kämpften die christdemokratischen Politiker aus irgendwelchen Koalitions- oder Postenerwägungen nicht für ihn, und so setzte sich immer mehr die marxistisch gefärbte Gedankenwelt durch, die wir heute haben.[66]

Nicht die geringsten Schwierigkeiten, als EU-Kommissar bestätigt zu werden, hatten dagegen eine Reihe von Ex-Kommunisten aus den ehemaligen Ostblockländern (Andris Piebalgs, Siim Kallas, Dalia Grybauskaitė, Danuta Hübner und László Kovács). Und das sind bei Weitem nicht alle Ex-Kommunisten, die in der heutigen Europäischen Kommission arbeiten. Sie alle dürften früher mehr oder weniger offensiv die kommunistische Lehre vertreten haben. Und da die Haltung eines Menschen nicht nur in seinem Kopf begründet ist, sondern in seiner emotionalen Verfassung, darf man seine Zweifel haben, ob hier ein wirklicher innerer Kurswechsel erfolgt ist und ein neues Denken Platz gegriffen hat.

Das könnte übrigens auch für unsere Kanzlerin gelten, die gewiss auch von ihrem Vater, dem „roten Pastor" geprägt wurde, der einer der eifrigsten Befürworter der „Kirche im Sozialismus" war und der nie ein freiheitlich demokratisches Deutschland nach dem Vorbild der Bundesrepublik wollte, sondern Reformkommunist war und sich im Endergebnis als Utopist erwies. Von ihr selbst gibt es aus der DDR-Zeit kaum Unterlagen. Ihr früherer Förderer Günther Krause, der die deutsche Einheit mit aushandelte und später Verkehrsminister wurde, sagte aber über sie, sie sei zweifellos FDJ-Sekretärin für Agitation und Propaganda gewesen, wörtlich: „Sie hat dort nicht die idealistische Weltanschauung der CDU propagiert, sondern Marxismus-Leninismus [...] Agitation und Propaganda, da ist man verantwortlich für die Gehirnwäsche im Sinne des Marxismus. Das war ihre Aufgabe, und das war keine Kulturarbeit. Agitation und Propaganda, das war die Truppe, die alles, was man in der DDR zu glauben hatte, in die Gehirne der Leute abzufüllen hatte mit allen ideologischen Tricks [...] Und was mich ärgert an dieser Frau ist schlicht und einfach der Sachverhalt, dass sie nicht zugibt, in der DDR eine Systemnähe gehabt zu haben. Sie war fachlich nicht unverzichtbar an der Akademie der Wissenschaften. Sie war durchaus nutzbar als Pfarrerstochter im Sinne des Marxismus-Leninismus. Und das verdrängt sie. Das ist aber die Wahrheit."[67]

Alle ihre früheren Freunde, die offen zu dem stehen, was sie früher gesagt und getan hatten, sagen übereinstimmend, sie stehe nicht zu der Angela Merkel, die sie in der DDR war. Viele von ihnen sind „enttäuscht, bitter enttäuscht sogar".[68] Ein früherer Weggefährte, Prof. Dr. Hans-Jörg Osten, machte sich einmal im *Neuen Deutschland* Luft: „Ich finde es erschreckend, in welchem Maße sich ein Mensch in wenigen Jahren verändern kann [...] Bis 1987 war ich an einem Berliner Akademie-Institut beschäftigt. An diesem Institut gab es eine rührige FDJ-Leitung mit einer Sekretärin für Agitation und Propaganda, jener heutigen Frau Minister [...] Mein letzter Kontakt mit Frau Merkel war im Dezember 1989. Auch da war noch immer nichts von einer Kämpferin gegen den Unrechtsstaat zu spüren [...] Wenn Macht und Geld einen Menschen derart korrumpiert und zu derart erschreckenden Auswüchsen an Verdrängung führt, sollte jeder glücklich sein, der der Macht fernbleibt."[69]

Nach der Wende ging sie ja auch erst zum reformsozialistischen „Demokratischen Aufbruch" und wechselte erst zur CDU als dieser keine Chancen mehr bot. Bis heute hat man kaum den Eindruck, dass ihr echte konservative Werte unverhandelbar sind. Der Linksruck der kaum noch wiederzuerkennenden CDU und ihr ständiges Zurückweichen vor linken Forderungen oder Übernehmen rotgrüner Positionen müssen ja auch irgendwoher kommen. Mit Taktik und Pragmatik allein ist das nicht zu erklären. Nicht jeder kann so etwas mit seinem Gewissen vereinbaren. Um sich nicht irgendwie zu verfangen, sagt sie so wenig wie möglich. Sie selbst hat einmal im *FAZ-Magazin* als ihre Haupttugend „Verschwiegenheit" angegeben. Ihre Biografen schreiben, sie habe „die Kunst, allen Fragen auszuweichen, sich nicht festzulegen, nichts zu sagen, zu einem Grad perfektioniert, der nicht einmal im *Neuen Deutschland* erreicht worden war. Wer zu untersuchen trachtet, was Angela Merkel über sich selbst preisgibt, der stößt zuallererst auf ein einfaches Ergebnis: am liebsten gar nichts" (Mattias Krauß). Jacqueline Boysen meint resigniert am Ende ihrer Biografie: „Die Politikerin hat ihre Fähigkeit, eine Maske zu tragen, perfektioniert"; einen Blick dahinter lasse sie nicht zu. Auch ihr Biograf Gerd Langguth sagt: „Keiner soll hinter ihren selbst gewählten Schutzschirm schauen können."[70]

Das macht es ihr auch möglich, allerhand Manöver zu vollziehen und Volten zu schlagen, von denen das Volk nichts merkt. So ist sie, ohne viel zu sagen, schon längst auf eine restriktivere Flüchtlingspolitik umgeschwenkt. Und wieso ist jetzt das möglich, was früher unter Donnergetöse als höchst verwerflich bezeichnet wurde? Der CDU-Innenpolitiker Wolfgang Bosbach spricht von einer „umfänglichen Kurskorrektur, die natürlich von Amts wegen nicht so genannt werden darf".[71] Ist die Moral von früher nun außer Kraft gesetzt? Oder hat man Fehler gemacht, die man nicht eingestehen will? Ihre Biografen Ralf Georg Reuth und Günther Lachmann urteilen über sie: „Wer eine solche Wendung [wie damals zu Beginn ihrer Karriere, d. Verf.] mitmacht – für den können politische Inhalte nicht im Mittelpunkt stehen. Für den geht es um Karriere und Macht. Für den ist Macht Selbstzweck. [...] Für Paternalistisches à la Helmut Kohl oder für Verbundenheit etwa durch gemeinsame Ziele war da kein Platz."[72] Konkurrenten, wie etwa ihr früherer Förderer Günther Krause und andere, sogar Helmut Kohl, wurden rigoros zur Seite gedrängt.

Und wie ist ihre bisherige Regierungsbilanz? Die sehen manche sehr kritisch. So lässt z. B. der bekannte Publizist Michael Klonovsky sie sagen: „Ich habe die Energiewende an die

Wand gefahren, ich habe die Sparguthaben der Deutschen zugunsten derjenigen geschrumpft, die in meiner Schulzeit noch ‚das Finanzkapital' genannt wurden, ich habe Deutschland ins Einwanderungschaos gestürzt, ich demoliere im Namen der Menschlichkeit das deutsche Sozialsystem, das deutsche Rentensystem, die deutsche innere Sicherheit, und ich habe noch lange nicht fertig."[73] Und Donald Trump resümiert kurzerhand: „Sie sollte sich schämen für das, was sie angerichtet hat."[74] Henry Kissinger sagte einmal nach einem Gespräch mit ihr sehr diplomatisch aber doch deutlich: „Wir beobachten eine neue Leaderfigur, die auf ihrem Weg nach oben systematisch unterschätzt wurde und plötzlich als der perfekte Ausdruck ihrer Zeit erscheint."

Zeitgeist als oberste Maxime der Politik? – „Nie zuvor hat ein Regierungschef im demokratischen Deutschland so konsequent dem Zeitgeist Rechnung getragen und dafür sogar eigene politische Entscheidungen ins Gegenteil verkehrt, wie dies bei Angela Merkel der Fall ist", so Ralf Georg Reuth und Günther Lachmann. Sie enden ihr Buch mit einem Zitat des Historikers Michael Stürmer, mit dem auch dieser Abschnitt abgeschlossen sei: „Die Kanzlerin ist nicht zu beneiden um die Aufgabe, das Staatsschiff durch Strömungen und Gegenströmungen durchzusteuern, die jeder Idee von Normalität spotten. Merkwürdig bleibt, wie sie zugleich die Traditionsbestandteile, die die Bonner Republik bestimmten und stabilisierten, bachab treiben läßt [...] Es entstehen Umrisse einer anderen Republik. Die Wehrpflicht wurde suspendiert, das dreigliedrige Schulsystem aufgegeben, die Kernenergie verdammt. [...] Änderungen im Familienrecht normieren eine neue Wirklichkeit [...] Das Wertgefüge, das selbst noch den Krisen und Katastrophen des 20. Jahrhunderts trotzte, geht in den Schlussverkauf. Das alles nur Taktik ist, möchte man nicht annehmen, dass es Vision sei, möchte man nicht glauben. Der Horizont der Normalität ist ins Wanken und Schwanken geraten und es wird schwer sein, [...] wieder Gleichgewicht zu finden."[75]

Wladimir Palko, der christliche Politiker aus dem Osten, der seine Gegner kennt, schreibt: „Die Weitsichtigeren von ihnen haben begriffen, dass der verlorene Kampf fortgesetzt werden kann und dass in Europa und in Amerika immer noch eine bis jetzt nicht entschiedene Etappe dieses Kampfes über die Interpretation der ewigen menschlichen Fragen stattfindet: Wer ist der Mensch? Was sind seine moralischen Prinzipien, nach denen er sein Leben in der Familie und in der Gesellschaft ausrichten soll? Wie wird sein Abgang aus dieser Welt sein? Sie haben begriffen, dass der sowjetische Marxismus verloren hat, dass aber der kulturelle Marxismus, der auf einer neuen Anthropologie, einem Aufstand gegen die biblische Sichtweise des Menschen aufbaut, siegt. Sie stellten fest, dass linksliberale

Kräfte im Westen, die schon bisher ihre Sympathisanten waren, zu den Gewinnern zählen und dass ihnen die Türen in Europa offenstehen. Deshalb sind nun auch aus den Besiegten zwar nicht strahlende Sieger, zumindest aber Menschen auf dem Weg zum Sieg geworden. Und die Christen aus Osteuropa? In einigen osteuropäischen Ländern, sicherlich in der Slowakei und Polen, waren sie die entscheidende Kraft im Kampf gegen den Kommunismus. Dessen Fall war für sie ein Moment des Triumphs. Sie sind in eine neue Welt eingetreten, wollten nach den vielen Jahren der Unterdrückung endlich frei sein. Und sie waren es auch. Aber plötzlich mussten sie erkennen: Unter dem Druck der rechten Parteien waren die linksliberalen Kräfte im Westen zwar gegen den Kommunismus, sie waren gleichzeitig aber auch gegen das Christentum. Jetzt aber – nach dem Fall des Kommunismus – wandten sie sich entschieden gegen das Christentum. Und es wurde ihnen klar vor Augen geführt, dass sie, die Christen, im politischen Kampf auf europäischer Ebene verlieren würden. Zwar befinden sie sich derzeit noch nicht auf der Seite der Besiegten, wohl aber bei den Verlierern. Der Fall Rocco Buttiglione hat es selbst denen klargemacht, die es nicht wahrhaben wollten."[76]

Der Kommunismus ist ökonomisch gescheitert. Jedoch: „Der Schoß ist fruchtbar noch aus dem das kroch" (Bertolt Brecht). Es wurde nichts daraus, dass jeder nach seinen materiellen Bedürfnissen frei leben konnte. Aber hatten die Gründerväter nicht noch andere Intentionen als die wirtschaftlichen? Sollte nicht auch die Frau von den Fesseln der bürgerlichen Ehe befreit werden? Von den Fesseln unerwünschter Schwangerschaften? Sind die Kinder nicht auch davon zu befreien, von ihren Eltern abhängig zu sein? Sind die Homosexuellen nicht endlich auch aus ihrer Unterdrückung in die Freiheit zu führen? Und müssen die Migranten aus den Drittländern nicht auch aus ihrer Unterdrückung befreit werden? Ja, müssen wir alle uns nicht endlich von der biblischen Unterdrückungsmoral freimachen?

Ist es nicht erfolgversprechender, einfacher und bequemer, statt auf Anstrengung, harte Arbeit, Disziplin und Moral auf die menschliche Schwäche zu setzen, auf den Widerwillen, moralische Verpflichtungen zu erfüllen? Ist es nicht angenehmer, wenn der Staat die Kinderaufzucht übernimmt? Lebt es sich nicht besser, wenn man sich nicht nach einer allgemeingültigen Wahrheit und Ordnung zu richten hat, sondern jeder nach seiner Fasson selig wird? Sind von daher nicht alle Religionen gleich zu behandeln? Patrick Buchanan bezeichnete diese Gesinnung in den USA als „kulturellen Marxismus".

Und wie verbreitet man dieses Denken und Fühlen am besten? – Nicht wie früher per Verordnung und durch gewaltsame Unterdrückung Andersdenkender. Der Italiener Antonio Gramsci, Mitbegründer der Kommunistischen Partei Italiens

(PCI) und Gründer der kommunistischen Tageszeitung *L'Unitá*, hat einen anderen Weg gewiesen, den der kulturellen Hegemonie. Zuerst müssen die Kulturrevolutionäre die wichtigen Posten in den kulturell entscheidenden Einrichtungen übernehmen, dann müssen die Leute tausendmal Zeitungsartikel dieser Leute lesen. Sie müssen entsprechende Romane lesen und Filme anschauen. Die Schulen müssen unterwandert und die Kinder anders erzogen werden. Kurz, man muss einen Marsch durch die Institutionen antreten. Die Massen, die sich noch unter dem Einfluss der alten Kultur befinden, die vom Christentum bestimmt ist, werden so langsam, ohne dass sie es merken, in die gewünschte Richtung gedrängt. Gramsci ist auf dem protestantischen Friedhof in Rom beerdigt, auf seinem Grab findet sich, anders als auf den umliegenden Gräbern, kein Kreuz.

Wenn man sich anschaut, wie die kulturellen und auch juristischen Institutionen des Westens sich im letzten halben Jahrhundert verändert haben, wie in den Medien über Ehe, Sexualmoral, Homosexualität, Abtreibung, Gleichstellung der Kulturen und Religionen und die Ästhetik der Kunst geschrieben und geurteilt wird, muss man feststellen, dass die Linke, bzw. die Linksliberalen Gramscis Weg erfolgreich beschritten haben. Alexandra Kollontai: „Der Maßstab der Sexualmoral ändert sich immer. Da gibt es keine Pause." Wolfgang Schäuble: „Die Welt ändert sich. Und konservative Werte auch."

Eine besondere Bedeutung bei der Meinungsbildung kommt den Medien zu. Leider hat man immer mehr den Einduck, dass sie nicht sachlich berichten, sondern gefärbt. Der Grundsatz des verstorbenen Nachrichtenmoderators Hanns Joachim Friedrichs scheint in Vergessenheit geraten zu sein: „Distanz halten, sich nicht gemein machen mit einer Sache, auch nicht mit einer guten, nicht in öffentliche Betroffenheit versinken, im Umgang mit Katastrophen cool bleiben, ohne kalt zu sein. Nur so schaffst du es, dass die Zuschauer dir vertrauen, dich zu einem Familienmitglied machen, dich jeden Abend einschalten und dir zuhören."[77]

Obwohl seit einiger Zeit nicht von ungefähr der Begriff der „Lügenpresse" die Runde macht, wird kaum direkt und plump gelogen – obwohl es auch das gibt, etwa durch bewusste Verdrehung von Sätzen –, vielmehr wird die Wahrheit eher verfälscht und eingefärbt durch Weglassungen, Akzentsetzungen, wertende Beiworte, Halbwahrheiten, Verallgemeinerungen und Emotionalitäten. Statt von einer „Lügenpresse" sollte man daher besser von einer „Lückenpresse" sprechen. Allerdings ist bekanntlich eine halbe Wahrheit auch eine ganze Lüge.

Warum wird in den Abendnachrichten z. B. nicht über den Berliner „Marsch für das Leben" berichtet, obwohl es doch hier um zentrale Fragen der Nation geht? Warum musste die Wahrheit über die Kölner Silvesternacht erst gegen Widerstände durchgesetzt werden und ist bis heute noch nicht ganz bekanntgemacht? (Angriff auf den Kölner Dom!) Ist es richtig, alle Rechten mit dem Beiwort „populistisch" zu versehen und alle anderen mit dem Beiwort „demokratisch"? Muss man in den Talkrunden einem vom Mainstream abweichenden Gesprächsteilnehmer immer gleich vier bis fünf Gegner gegenübersetzen und ihn möglichst nicht zu Wort kommen lassen?

Auffällig ist auch eine merkwürdige Uniformität. Der frühere nordrheinwestfälische Ministerpräsident Wolfgang Clement sagte einmal, er halte zu Hause fünf Zeitungen; wenn er eine gelesen habe, wisse er, was in den anderen stünde. Wie kommt es, dass man sich allgemein zunächst für die „Willkommenskultur" stark machte und später dann ebenso unisono die Begeisterung reduzierte? Wie kommt es, dass eine Politik der Überfremdung und grundlegenden Veränderung Deutschlands in den Leitmedien als etwas Selbstverständliches dargestellt und nicht mehr hinterfragt wird? – Eine Erklärung: „Die nochhegemonialen Kräfte wagen es nicht, die Inhalte, Ziele und ideologischen Grundlagen ihrer Politik zu thematisieren und zur Diskussion freizugeben. Die Folge wäre die allgemeine Erkenntnis, dass ihr Handeln sich gegen die Interessen des Staatsvolkes richtet und zu seiner Unterminierung führt. Deshalb unternehmen sie alles, um den politischen, faktenorientierten Diskurs über die Euro-Rettung, die Energiewende, den Gender-Wahn und vor allem über die Zuwanderung zu verhindern, indem sie ihm einen erpresserischen Moral-Diskurs überstülpen."[78]

Warum wird grundsätzlich alles verschwiegen, was Deutschlands Schuld in der Vergangenheit mindern könnte, sodass es in einem besseren Licht dastünde? So hat der promovierte Militärwissenschaftler und ehemalige NVA-Generalmajor Bernd Schwipper jetzt ein Buch vorgelegt, in dem er zu dem eindeutigen Urteil kommt: Der Angriff der Wehrmacht auf die UdSSR war ein Präventivschlag, der in einen Aufmarsch der Roten Armee hineinstieß. Zu diesem Urteil waren auch schon andere, auch russische Forscher gekommen. Der russisch sprechende Schwipper untermauert es aber auf 500 Seiten akribischer, quellenkritischer Analyse und aufgrund einer umfangreichen Forschung aus russischen Archiven.[79] Die gängige These vom deutschen „Überfall auf die friedliebende Sowjetunion" stimmt also nicht so ohne weiteres. Müssten die Medien so etwas nicht auch der Öffentlichkeit bekanntmachen?

Wieso ist man durchweg der Meinung, die Visegrád-Staaten stünden nicht ganz auf unserer moralischen Höhe und müssten noch etwas Nachhilfeunterricht haben? Warum waren praktisch alle Medien gegen Donald Trump und zeigten nur die ungünstigsten Bilder von ihm? An Trump gibt es gewiss vieles auszusetzen, an Hillary Clinton aber auch. Sie hätte das Oberste Gericht mit Abtreibungsbefürwortern besetzt und sie war in die nahöstliche desaströse Interventionspolitik mit ihren verheerenden Folgen verwickelt, von der viele genug hatten. Peter Hahne, der bekannte Fernsehmoderator und Christ, schrieb schon 2015: „Den US-Präsidenten wählt nicht das deutsche Feuilleton, sondern das amerikanische Volk." Und die Hälfte des amerikanischen Volkes ist ja nicht unbedingt dümmer als unsere Medien- und Kirchenleute. Vor allem gab es nicht wirklich eine sachliche, faktenorientierte, sondern nur eine emotionale Auseinandersetzung auf der Grundlage des hiesigen Mainstreams. Die wirkliche Lage des amerikanischen Volkes wurde nicht zur Kenntnis genommen.

Stefan Aust, gewiss ein urteilsfähiger Beobachter, schildert sie so: „Dem derangierten US-Bürger bleibt vom Versprechen des ‚pursuit of happiness', dem in der Verfassung verbrieften Recht, sich ein wohlhabendes und glückliches Leben zu erarbeiten, nur ein Sixpack-Bier im Wohnmobil [...] Seine Arbeitsplätze sieht er in Richtung China oder auch Mexiko auswandern. Dafür strömen immer mehr Zuwanderer ins Land, die ihm auch noch die schlecht bezahlten Jobs wegschnappen. Welfare wurde ihm schon von Bill Clinton weitgehend abgedreht. Da sind ihm die Errungenschaften der modernen Gesellschaft mit ihren multikulturellen Werten, sexueller Vielfalt, gleichgeschlechtlicher Ehe und Adoptionsrecht für afrikanische Waisenkinder ziemlich schnuppe."[80]

Derartige Werte sind aber für eine EKD-Synode hoch und heilig. Darum verspottete sie auch der langjährige Synodale Hahne mit den Worten: „Schrecksekunde in den USA. Der gewählte Präsident war auf dem Weg, Obama zu besuchen, da überlegte Trump, ob er die Wahl überhaupt annehmen soll. Denn ihn hatte eine Pressemitteilung aus Magdeburg erreicht: Die EKD-Synode erklärt ‚Bestürzung' über das Wahlergebnis …" Bestürzt kann man aber auch ebenso sein über diese penetrante politische Einseitigkeit der Kirchensynode, und über die „Fassungslosigkeit" des Ratsvorsitzenden ebenfalls. Andere Kirchen, wie z. B. die russisch-orthodoxe, haben sich für Trump ausgesprochen. Auch ein Mann wie Franklin Graham, der Sohn von Billy Graham, der Trump seit Längerem persönlich kennt und schätzt, sprach sich für ihn aus.

Auch manche Medienleute zeigten sich nach Trumps Wahl selbstkritisch. Hajo Schumacher räumte ein: „Ich habe als Journalist meine Aufgabe nicht erfüllt." Die 60 Millionen Menschen, die Trump gewählt hatten, könnten nicht alle Idioten sein, schrieb er in der *Berliner Morgenpost*. Und weiter: „Ich komme nicht umhin, mich zu einer gewissen bildungsbürgerlichen Arroganz zu bekennen, die mit Ignoranz einhergeht, eine ebenso bequeme wie widerwärtige *Heute-Show*-Attitüde, von ganz oben runter."

Und Matthias Döpfner, Vorstandsvorsitzender der Axel Springer SE, erklärte, Trump sei kampagnenhaft bekämpft worden: „Im Kampf für die gute Sache blieb die Fairness auf der Strecke." Er ergänzte: „Die Sorgen der Menschen, die das politische Establishment so sehr entfremdete, dass sie bei Trump Zuflucht suchen, wurden nicht ernst genommen, sondern lächerlich gemacht." Auf den „Emporen des guten Geschmacks der veröffentlichten Meinung" herrsche „statt Verständnis und Empathie Publikumsbeschimpfung und Wählerverachtung". Dies werde von den Menschen durchschaut.[81]

Übrigens kritisierte auch die *Jüdische Rundschau* die einseitige Parteinahme für Hillary Clinton „durch unsere linksromantisierende, islam-affine Grenzöffnungs- und Bessermensch-Szene aus öffentlich-rechtlichen Medien und gegenwärtiger Führung". (Auch sonst nimmt der Herausgeber Rafael Korenzecher kein Blatt vor den Mund und geißelt die „blinde Öffnung gegenüber islamischer Gewaltimmigration". Diese sei „trotz vorsätzlichen Einzelfallredens durch Politik und Presse" mit „unserer demokratisch-freiheitlichen Lebenswelt nicht vereinbar". Den EKD-Vorsitzenden Bedford-Strohm nennt er „zum Fremdschämen unterwürfig und geschichtsvergessen".)[82]

Wir wollen uns hier mit unserem Urteil hinsichtlich der US-Wahl zurückhalten, da man noch nicht genau weiß, wohin die Reise geht und man durchaus einige Vorbehalte gegen Trump haben kann, sehr starke sogar. Dass das amerikanische Volk ein Weiter so mit Hillary Clinton nicht will, kann man aber verstehen. Mit Mike Pence hat Trump immerhin einen entschiedenen Christen und erfahrenen und angesehenen Politiker, der sich selbst als „katholischen Evangelikalen" bezeichnet, als Vize gewählt, der im Falle eines Ausscheidens von Trump die Geschicke Amerikas leiten wird. (Obwohl auch der nicht fehlerfrei ist, wie seine Befürwortung des Irakkrieges gezeigt hat.) Das Verhältnis Amerikas zu Russland wird sich vermutlich entspannen, was sich positiv auf die Krisengebiete der Welt auswirken wird. Und das sind nicht die einzigen positiven Aspekte.

Peter Stein, der Chefredakteur der *Jungen Freiheit* schrieb nach Trumps Wahlsieg: „Mit Trump kippt eine Agenda, die uns bis zum Ende des Jahrhunderts vermeintlich ins Licht führen sollte: endgültiges Schleifen der Nationalstaaten, offene Grenzen für jeden, Relativierung und Auflösung des Religiösen, Abschaffung von Geschlechtern und traditionellen Familienbildern unter dem Diktat der Genderideologie, Energiewende und Klimarettung als alles überwölbendes eschatologisches Endziel. Nun erleben wir etwas für Demokraten eigentlich Banales: einen Eliten- und Führungswechsel. Wir sehen, dass das Volk – für einige völlig überraschend – das Recht hat, sich auch gegen ungebremste Globalisierung, die Auflösung der Staaten in multiethnischen und supranationalen Großstrukturen zu entscheiden."[83] Sollte das nicht auch für eine Kirche erwägenswert sein und sie von plumper Parteinahme abhalten?

Ferner: Wie kommt es, dass man über Viktor Orbán, Baschar al-Assad und Wladimir Putin überall die gleiche Meinung hat? (Abgesehen von Gabriele Krone-Schmalz und wenigen anderen, die aber eine ungeliebte Außenseiterposition einnehmen.) Wir haben hier keine Veranlassung, Diktatoren wie Assad zu verteidigen und seine Taten schönzureden, aber sie sollten etwas differenzierter dargestellt werden. Assad z. B ist immerhin der Einzige, der den Christen in Syrien das Weiterleben garantieren könnte und unter dem sie leben wollen. Als Alewit und Säkularist ist er noch der Toleranteste unter den Kriegsparteien. Und man darf auch nicht vergessen, dass es der Westen war, der durch seine willkürlichen Grenzziehungen Diktatoren dieses Typs mit hervorgebracht hat. Die Machthaber waren ja nun quasi gezwungen, die verschiedenen Religions- und Volksgruppen mit Gewalt zusammenzuhalten. Thomas Edward Lawrence (Lawrence von Arabien) hat es zeitlebens nicht verwunden, dass er seinerzeit gezwungen war, seine arabischen Freunde mit falschen Gebietsversprechungen zu belügen und zu betrügen.

Der australische Politikwissenschaftler Tim Anderson hat in einem Buch die einseitige Berichterstattung der westlichen

Medien herausgearbeitet, die von Anfang an Assads Diktatur die wesentliche Verantwortung für den Konflikt zuschob und ein Propagandabild seiner Kriegsführung „gegen das eigene Volk" und die wehrlose Zivilbevölkerung entwarf.[84] Den „Fassbomben" des Regimes seien angeblich Tausende von Frauen und Kindern zum Opfer gefallen. Anderson gelang es, durch umfangreiche Recherchen und unter Verwendung von Dokumenten verschiedener UN-Untersuchungsausschüsse, viele dieser Vorwürfe zu entkräften und das Bild von den moralisch überlegenen „Aufständischen" und „Freiheitskämpfern" etwas zurechtzurücken. Offenbar hat man aus der Beseitigung der Diktatoren Saddam Hussein, al-Gaddafi und Mubarak, die schlimme Folgen hatten, noch immer nichts gelernt. (Saddam Hussein hatte sogar einen christlichen Außenminister und unter ihm konnten Christen besser leben als jetzt, wo sie zumeist ihre Heimat verlassen müssen.) Man wird übrigens auch hier bei uns noch die Erfahrung machen, dass, je stärker die Heterogenität der Bevölkerung ist, der Druck von oben wächst, um sie zusammenzuhalten.

Was Wladimir Putin anbelangt, so urteilt Papst Benedikt XVI. über ihn: „Ich glaube schon, dass er – ein Mensch der Macht natürlich – irgendwie von der Notwendigkeit des Glaubens berührt ist. Er ist ein Realist. Er sieht, wie Russland unter der Zerstörung der Moral leidet. Auch als Patriot, als jemand, der Russland wieder zur Großmacht machen will, sieht er, dass die Zerstörung des Christentums Russland zu zerstören droht. Der Mensch braucht Gott, das sieht er ganz evident, und davon ist er sicherlich auch innerlich berührt."[85] Die hiesige Verteufelung eines Staatsmannes mit einer solchen Denkweise ist also gewiss nicht angebracht. Auch müsste auf dieser Ebene eine Verständigung möglich sein – wenn man sie selbst denn aufsuchen würde. (Dass Putin den Anrainerstaaten ihre Unabhängigkeit und Freiheit lassen muss, ist selbstverständlich.)

Hier soll aber nicht Partei genommen werden. Es geht lediglich darum, die Einseitigkeit und Oberflächlichkeit der Berichterstattung in unseren Medien aufzuzeigen.

Prof. Ulrich Teusch, selbst ARD-Mitarbeiter, der für seinen SWR-Beitrag *Über Lügen in der Politik* den Roman-Herzog-Medienpreis 2013 erhielt, hat ein mutiges Buch geschrieben mit dem Titel *Lückenpresse. Das Ende des Journalismus, wie wir ihn kannten*. Darin führt er aus: Nachrichten würden „in ganz bestimmter Weise gewichtet", „gezielt unterdrückt" und in „tendenziöser Weise bewertet", es werde „mit zweierlei Maß gemessen".

Die Ursachen dafür sind aber nicht leicht zu fassen. Es gibt Journalisten, die aufrichtig Überzeugungen vertreten, auch wenn sie falsch sind. Es gibt Opportunisten, die das sagen, was man gern hören möchte, weil sie sich Vorteile davon versprechen. Es gibt unkritische und bequeme Geister, die von anderen abschreiben. Und es gibt Menschen in prekären Arbeitsverhältnissen, die um ihre Stellungen bangen und deshalb kein Risiko eingehen wollen. Man braucht ihnen gar keine besonderen Weisungen zu erteilen. Sie nehmen das auf, was in der Luft liegt und verhalten sich danach.

Selbst Führungspersönlichkeiten sind gefährdet. Der frühere ZDF-Chefredakteur Nikolaus Brender ist so ein Fall, und auch der stellvertretende Chefredakteur der *Bild am Sonntag* Nicolaus Fest, Sohn des bekannten Publizisten, Historikers und Herausgebers Joachim Fest. Damit stammt er aus einer Familie, die während der Nazizeit unbeirrt ihren Weg des Widerstands ging, sich an keiner Naziorganisation beteiligte und entsprechende Nachteile in Kauf nahm (vgl. Joachim Fest: *Ich nicht*). Diese aufrechte Haltung nahm auch Nicolaus Fest als stellvertretender Chefredakteur der *Welt am Sonntag* ein. Als Muslime im Sommer 2014 wüste antisemitische Demonstrationen in Deutschland veranstalteten, fragte er in einem Kommentar: „Ist Religion ein Integrationshindernis? Mein Eindruck: nicht immer. Aber beim Islam wohl ja. Das sollte man bei Asyl und Zuwanderung ausdrücklich berücksichtigen!" Daraufhin gab es einen organisierten Shitstorm – was zu erwarten war. Fremdenfeindlichkeit, Nationalismus und Rassismus wurden ihm vorgeworfen. Die Chefredakteurin Marion Horn und der Herausgeber Kai Diekmann distanzierten sich öffentlich von ihm und am Ende war das Arbeitsverhältnis so zerrüttet, dass er die *Bild am Sonntag* verlassen musste. Es gibt in Deutschland Tabus, an die man nicht rühren darf, wenn man in gewissen Berufen schwere Nachteile vermeiden will. Jeder weiß das. Jede offene Diskussion wird unterdrückt.

Der Islam gilt als kompatibel, nicht aber die Sorge um die Zukunft Deutschlands, die Nicolaus Fest umtreibt, wenn er schreibt: „Das Land hat keinen Sinn für die Freiheit, für ihre Kosten und dafür, dass man alles verlieren kann. Deutschland wird sich in den nächsten dreißig Jahren dramatisch verändern. Im Moment kommen Zehntausende, die keinerlei Beziehung zu diesem Land, seiner Geschichte, seiner Kultur haben, und dies auch gar nicht wollen. Wenn diese Zuwanderer politische Parteien gründen, wird es nichts geben, was das Land zusammenhält. Dann haben wir libanesische Verhältnisse, also ein Land zerrissen vom Gift der Religionen und Ethnien, ohne verbindende Idee, unfähig zur Bewahrung der staatlichen Einheit. [...] Ich zumindest rate meinen Kindern, ihre Zukunft nicht hier zu planen."[86]

Da das Volk sich in der veröffentlichten Meinung der Hauptmedien immer weniger wiederfindet, sucht es sich auf andere Weise bemerkbar zu machen. Es gibt Zeitschriften wie *Cicero* und *Tichys Einblick*, die das zur Sprache bringen, was sonst gern verschwiegen wird. Es gibt Foren und hochwertige

Blogs, wie z. B. *Die Achse des Guten*, und es gibt vor allem die sogenannten sozialen Netzwerke wie Twitter, YouTube und Facebook. Hier entlädt sich oft eine kriminelle Hassrede, die jeden Rahmen sprengt und nicht tolerabel ist. Besonders Justizminister Heiko Maas und Familienministerin Manuela Schwesig haben dieser Verrohung den Kampf angesagt und bemühen sich um Löschung der entsprechenden Beiträge. So unterstützte das Familienministerium 2016 die Kampagne des Europarates „No Hatespeech" mit 170.000 Euro. Auffallend ist freilich, dass die Webseite der Kampagne u. a. Rechtsextreme und Antisemiten als Urheber von Hatespeech nennt sowie „Sexismus und Hatespeech gegen Geflüchtete oder LGBTI-Menschen" anprangert, nicht aber linksextreme Personen, Gruppen und Webseiten, obwohl doch von dort regelmäßig Gewaltaufrufe kommen.

Auffallend ist auch, dass man die links außen zu verortende Amadeu Antonio Stiftung in die Kampagne eingebunden hat. Hier warnt man selbst vor der Feministin Alice Schwarzer und der Frauenrechtlerin Necla Kelek, weil diese ihrerseits vor dem „politischen Islam" warnen und dadurch „Hass und Vorurteile" schürten. Eine Referentin der Stiftung, die Politikwissenschaftlerin Julia Schramm, beherrscht die „Hassrede" freilich auch. Auf ihrem privaten Twitter-Account bezeichnete sie

Journalisten und Politiker mehrfach als „Arschloch" und „Wichser", Frank-Walter Steinmeier wollte sie für seinen „nationalistischen Dreck" ins Gesicht spucken und im Übrigen wünschte sie ironisch die erneute Bombardierung Deutschlands durch die Alliierten.[87] Freude herrschte darüber, dass die Deutschen in Dresden „zu Kartoffelbrei" gebombt wurden. Und mit solchen Leuten will man „Hatespeech" in den Medien verhindern?

Aber auch die Chefin der Stiftung, die langjährige Stasi-IM Anetta Kahane, war in puncto Hassrede durchaus nicht pingelig. Als ein paar junge Leute der „Identitären" nach Greenpeace-Manier am Brandenburger Tor ein Banner mit der Aufschrift „Sichere Grenzen – sichere Zukunft" anbrachten, nannte sie diese „freilaufende Säue".

Selbst aus dem Regierungslager kann man Ausdrücke wie „Mob" und „Pack" hören und den Stinkefinger gezeigt bekommen, wenn man nicht genehme Meinungen vertritt. Der Bundespräsident, der ja eigentlich für alle da sein sollte, nennt AfD-Wähler „Dödel". Die Bundestagsvizepräsidentin demonstriert mit Linksextremisten, die „Deutschland, du mieses Stück Scheiße" und „Deutschland verrecke" rufen. Unter dem Namen und unter dem Konterfei des Bundesjustizministers wurde über Facebook und Twitter ein Dank an die linksextremistische Band „Feine Sahne Fischfilet" verbreitet für „ein tolles Zeichen gegen Fremdenhass und Rassismus". Sie war in Anklam in einem Konzert „gegen Rechts" aufgetreten. Ihre Texte triefen nur so von Hass: „Deutschland ist scheiße. Deutschland ist Dreck. Deutschland verrecke. Das wäre wunderbar." Oder gegen Polizisten: „Wir stellen unseren eigenen Trupp zusammen./ Und schicken den Mob dann auf euch rauf./ Die Bullenhelme – sie sollen fliegen./ Eure Knüppel kriegt ihr in die Fresse rein." Später dementierte Maas, er habe die Danksagung gar nicht verfasst, sondern seine Mitarbeiter. Das ist aber nicht minder befremdlich.[88]

Aber auch der CDU-Generalsekretär Peter Tauber versteht sich auf Fäkalsprache und fasst seine Meinung über Gegner kurz und knapp so zusammen: „Wer hier nicht für Angela Merkel ist, ist ein Arschloch und kann gehen."[89] Diese schreckliche Sprache, die links wie rechts um sich greift, wurde hier wörtlich dokumentiert, damit man sich ein Bild davon machen kann, wie weit wir gekommen sind.

Facebook löschte nicht einmal den Aufruf: „Pflaster und Ziegelsteine müssen fliegen, jeder AfDler muss um sein und um das Leben seiner Angehörigen fürchten, erst dann wird dieser braune Spuk enden." Als er gemeldet wurde, erklärte Facebook: „Wir haben den von dir im Hinblick auf wegen Verherrlichung drastischer Gewalt gemeldeten Beitrag überprüft und festgestellt, dass er nicht gegen unsere Gemeinschaftsstandards verstößt."[90] Wir wollen entschuldigend annehmen, dass Facebook damit überfordert ist, die Masse der

Einträge sachgerecht zu überprüfen. Es müssten aber Strukturen geschaffen werden, die strafrechtlich relevante Äußerungen – von welcher Seite auch immer – unterbinden. Das Staatsvolk kann verlangen, dass das geltende Recht durchgesetzt wird. Die Gesetze sind da, sie müssen nur angewendet werden. Eine Art Gesinnungspolizei, die noch dazu parteiisch ist, dabei als Hilfstruppe einzusetzen, ist sicher der falsche Weg.

Freilich ist das politisch korrekte Reden, wie es bei uns praktiziert und eingefordert wird, auch durchaus keine harmlose Angelegenheit. Der Chefredakteur der Schweizer *Weltwoche* sagt dazu: „Lange war ich der Meinung, die Gefährlichkeit der Political Correctness werde übertrieben oder sci überwunden. Ich muss meine Meinung ändern: Wir erleben eine Situation, die mit jener kurz vor Ausbruch der Reformation vergleichbar ist: Die Political Correctness ist der Scheiterhaufen einer neuen linken Kirche, die jeden erledigen will, der sich ihren Dogmen verweigert."[91]

Joachim Steinhöfel, der zu den bekanntesten Rechtsanwälten Deutschlands gehört und auch als Publizist, Radio- und Fernsehmoderator sowie als Blogger (Motto: „liberal, konservativ, unabhängig") tätig ist, meint: „Die Medien sind voll damit, die rechte Gefahr anzuprangern. Was ja auch durchaus gerechtfertigt ist. Nur ist das Vorgehen gegen extremistische Veröffentlichungen in keiner Weise konsequent. Vorbehalte gegen Islamofaschismus und Linksextremismus sucht man vergeblich. Diese Schlagseite spiegelt sich dann auch bei Facebook wider, wo selbst völlig sachliche Kritik an der kontroversen Flüchtlingspolitik der Kanzlerin immer wieder rausfliegt. Richtig wäre es, gegen jegliche Art von Extremismus vorzugehen, gleich aus welcher politischen oder religiösen Ecke er kommt. [...] Facebook muss nach Kenntnisnahme löschen, was rechtswidrig ist. Unterbleibt dies, haftet der Konzern selber, oder die Manager machen sich sogar strafbar. So einfach ist das. Das ist deutsches Recht. Wozu braucht man da noch ‚Berater' dafür, was ‚Hatespeech' ist?"[92]

Manche Medienmeinung wird auch deutlich, wenn man sich die politischen Präferenzen der Journalisten ansieht. Im Auftrag des Deutschen Fachjournalistenverbandes befragte Margreth Lünenborg, Professorin an der Freien Universität Berlin, Politikjournalisten nach deren Einstellung zur deutschen Parteienlandschaft. Das Ergebnis war: 36,1 % stehen keiner Partei nahe. Danach folgen mit 26,9 % die Grünen. 15,5 % entfielen auf die SPD, 9 % die CDU/CSU und 7,4 % die FDP. Ohne die Unparteiischen bekämen die Grünen bei einer Wahl 42 %, die SPD 24 %, CDU/CSU 14 %, FDP 12 %, Linke 7 %. *Focus-Money* folgert daraus: „Die Kollegen wählen die SPD als Juniorpartner in einer grün-roten Koalition."[93]

Bei Steinhöfel heißt es ebenfalls: „Die in den Medien veröffentlichten Meinungen repräsentieren nicht das Meinungsbild der Bevölkerung. Vierzig Prozent der deutschen Journalisten stehen den Grünen nahe; ich beziehe mich da auf die Erhebungen von Hans M. Kepplinger, Professor für Kommunikationsforschung an der Universität Mainz. Dies erklärt einiges. Außerdem ist die Flüchtlingskrise ein ideales Vehikel, um politisch nicht genehme Meinungen zu diskreditieren. Von dieser Möglichkeit, politische Gegner zu stigmatisieren, machen Politik und Medien Gebrauch." Und dann betont er noch einmal: „‚Hatespeech‘ ist ein unsinniger Begriff, ein schwammiger Begriff, der für Unsicherheit sorgt, wie weit das in der Verfassung begründete Recht auf freie Meinungsäußerung geht. Wir haben klare Straftatbestände: Verleumdung, üble Nachrede, Volksverhetzung. Soweit es sich dann nicht noch um Persönlichkeitsrechtsverletzung handelt, darf man in Deutschland alles sagen. Mit dem Begriff ‚Hatespeech‘ wird bewusst eine Ungenauigkeit in die Debatte gebracht und die Menschen, die Rechte haben, die in der Verfassung verankert sind, werden verunsichert, was sie überhaupt sagen dürfen. Das geht so weit, dass die Bürger manchmal schon nicht einmal mehr wissen, ob legitime Kritik an Politikern, an Regierungshandeln oder an sonstigen solchen Vorgängen noch erlaubt ist. Ich verabscheue diesen Begriff aus vollem Herzen, man sollte zu den juristischen Definitionen zurückkehren, denn was erlaubt und was verboten ist, steht im Gesetz."[94]

Obwohl es mit der Meinungsfreiheit bei uns nicht zum Besten steht und eine lähmende Political Correctness die gedankliche Durchdringung der Probleme stark behindert, fühlen die deutsche Politik und die Presse sich berufen, sich überall auf der Welt für Meinungsfreiheit einzusetzen. Freilich lässt man dabei manchmal das rechte Augenmaß vermissen. Wenn also z. B. in Russland Schwulenpropaganda vor Kindern verboten ist, diese aber sonst tun können, was sie wollen, so sollten wir das nicht kritisieren.

Und wenn die Femengruppe „Pussy Riot" („Muschi-Krawall") die Christ-Erlöser-Kathedrale in Moskau, das zentrale Gotteshaus der russisch-orthodoxen Kirche, schändete, indem sie vor dem Altar herumtanzte, ein „Punkgebet" um die Erlösung von Putin zum Himmel sandte und u. a. „Gottesscheiße" rief, so ist es nicht unsere Sache, sich hinter diese „Aktionskünstlerinnen" zu stellen, wenn sie wegen „religiösen Rowdytums" verurteilt werden. Schließlich wäre eine solche Tat auch bei uns strafbar. Für unsere Kanzlerin, die ja sogar dem Papst schon öffentliche Belehrungen erteilte, waren diese Damen aber „politisch aktive Bürgerinnen" und ihre vulgäre Darbietung Ausdruck einer „dynamischen Bürgergesellschaft". Von einer Pfarrerstochter hätte man etwas anderes erwartet.

Der Gesinnungsdruck ist in Deutschland derart ausgeprägt und die Meinungsäußerung so gefährdet und auch gefährlich, dass wir uns auf diesem Gebiet nur sehr demütig und nicht naseweis äußern können. Und zwar gerade dann, wenn uns die überaus wichtige Meinungsfreiheit wirklich am Herzen liegt.

Wie steht es eigentlich um die Kirchen in dieser krisenhaften Gemengelage? – Nun, gegenüber früher schwindet schon rein zahlenmäßig ihr Einfluss. Aber auch äußerlich bieten sie ein anderes Bild als früher. Der katholischen Kirche gehen die Priester aus, und die evangelische wirkt ziemlich säkularisiert. Von den bisherigen Landesbischöfinnen sind drei geschieden, beide Präsides der EKD-Synode ebenfalls, die amtierende sogar zweimal. Während es früher schon bei Beamten nicht gern gesehen wurde, wenn man sich scheiden ließ, scheint die Scheidung in der EKD geradezu karrierefördernd zu sein. Man rechtfertigt das damit, dass wir „allzumal Sünder" wären und wir nicht über andere zu richten hätten. Das ist gewiss richtig. Richtig ist aber auch, dass in der Bibel steht: „Es soll aber ein Bischof unsträflich sein, *eines* Weibes Mann [...] der seinem eigenen Hause wohl vorstehe [...] so aber jemand seinem eigenen Hause nicht weiß vorzustehen, wie wird er die Gemeinde Gottes versorgen?" (1. Tim. 3,1ff.) Mit anderen Worten: Die Bibel verlangt durchaus eine Vorbildfunktion bei herausragenden Ämtern in der Kirche. Die Bedeutung der Ehe und des Eheversprechens wird jedenfalls durch die in der EKD praktizierte Weise nicht deutlich gemacht. Wenn man den Anforderungen nicht genügen kann, muss man ja keine hohen Kirchenämter anstreben und man muss auch nicht in sie gewählt werden. So aber kann man sich des Eindrucks nur schwer erwehren, dass bei der Wahl nicht die pastorale Qualifikation und das Vorbildsein im Glauben ausschlaggebend war, sondern die erwünschte linksliberale und dem mainstream verhaftete Gesinnung.

Schlimmer noch ist es, wenn die Kirchenführer von der Lehre der Kirche und den Bekenntnisschriften, auf die sie ordiniert sind, abweichen. So erklärte z. B. der ehemalige Ratsvorsitzende Nikolaus Schneider, Jesus wäre nicht für unsere Sünden gestorben. Und der Landesbischof und leitende Bischof der VELKD, Gerhard Ulrich, meinte, Jesus wäre nicht von den Toten auferstanden, er lebe nur in seinen Ideen weiter.

Der jetzige Ratsvorsitzende Bedford-Strohm wiederum hat ein Faible für den Islam. So erklärte er, die „Begegnung mit dem Reichtum anderer Glaubenstraditionen" mache ihn „zu einem glücklicheren Menschen". In den *Nürnberger Nachrichten* wurde er mit den Worten zitiert, es könne „berührend und bereichernd sein […], wenn man sich vom Ruf des Muezzins mit hineinnehmen lässt in dessen Gottesdienst". Nun kann man sich ja von allem Möglichen bereichern lassen – eine Bischöfin ließ sich sogar von einer heidnischen Muttergottheit inspirieren –, sind das aber die richtigen Signale des obersten Repräsentanten der EKD?

Bedford-Strohm hielt es auch für richtig, einem Moscheebauverein beizutreten, der für 35 Mio. Euro Baukosten ein „Münchner Forum für den Islam" bauen will, das selbstredend der „Wahrung islamischer Identität" dienen soll. Er wie auch Alois Glück vom Zentralkomitee der Katholiken erklärten, sie sähen ihre Aufgabe darin, jene „Kräfte im Islam zu stärken, die die Werte des Grundgesetzes bejahen".

Alexander Kissler schreibt dazu im *Cicero*:[95] „Ja, damit kann man offenbar die Muslime nicht allein lassen, da müssen die Veteranen des Staatskirchenverhältnisses ran und dem europäischen Islam auf die Finger sehen. Nichts eint EKD und ZDK mehr als die Überzeugung, eine aufgeklärte sei eine staatsnahe Religion. Diese Lektion soll jetzt dem Islam vermittelt werden – unbeschadet der Erkenntnis, dass diese Lektion zum Massenexodus der Katholiken und Protestanten aus ihren jeweiligen Kirchen geführt hat. Oder ist genau das das Ziel der Abbruchverwaltungsexperten, die Zähmung und Entkernung der dritten monotheistischen Religion?

Die freundliche ökumenische Übernahme dreht Jesu Missionsbefehl ebenso ein schlaues Näschen wie Luthers lebenslangem Kampf um einen gerechten dreieinigen Gott. Es ist eine Staatsaktion aus zivilreligiösem Geist. Zudem ist die Frage des Präsidenten der Internationalen Konferenz Bekennender Gemeinschaften, Ulrich Rüß, berechtigt, ob die ‚bedrohte Lage der Christen in islamisch geprägten Staaten' nicht eher ‚einen kritischen Dialog mit dem Islam' verlange. Bedford-Strohm und mit ihm jene protestantischen Kreise, die einen Imam in einer Münchner Kirche predigen ließen, justament den Imam des künftigen Forums, haben sich mit dem Bedeutungsverlust des Christlichen arrangiert. Statt unverdrossen vom eigenen, unverwechselbaren Glauben zu erzählen, für ihn zu werben – wie es hie und da Muslime tatsächlich tun –, greifen sie aus in sachfremdes Terrain, fremde Religionen und reichen den Schierlingsbecher der Indifferenz. Daran gesundet ist noch niemand. Luther trank nur ‚gutes Wittenbergisch Bier'."

In dieses Bild fügt sich Bedford-Strohms kürzliches Auftreten in Jerusalem, wo er zusammen mit Kardinal Marx den Tempelberg besuchte. Als die beiden vom muslimischen Gastgeber gebeten wurden, kein Kreuz auf der Brust zu tragen, legten sie es „aus Respekt vor dem Gastgeber" ab. In dieser besonderen Situation in Jerusalem wäre es falsch gewesen, diesem Wunsch nicht nachzukommen, sagte der Ratsvorsitzende, sonst würde er es auch bei Moscheebesuchen tragen. (Die Tendenz, dem Ansinnen der Muslime äußerst nachgiebig entgegenzukommen, zeigte sich aber schon bei seinem Vorgänger in Bayern, Johannes Friedrich. Er ließ das Kreuz bei Moscheebesuchen in Deutschland ebenfalls verschwinden und sah das als eine Frage der Höflichkeit.)

Das Verhalten der beiden Oberhirten löste auch bei weltlichen Beobachtern Befremden aus. So schrieb z. B. der bekannte Publizist und *Spiegel*-Redakteur Jan Fleischhauer: „Mich hat der Vorgang sprachlos gemacht. Wie soll man es anders nennen, als eine Verleugnung des christlichen Glaubens, wenn zwei wichtige Repräsentanten des Christentums bei einer Pilgerreise aus Rücksicht auf die Reizbarkeit muslimischer Glaubensvertreter ihr Kreuz ablegen? Es sind in der Geschichte des Christentums eine Menge Leute gestorben, weil sie genau das abgelehnt haben. Man kann das unvernünftig oder verbohrt finden, in den Kirchen werden sie heute als Heilige und Märtyrer verehrt. So ist das nun einmal mit dem Glauben: Den Gläubigen imponiert Standfestigkeit, nicht die Kapitulation vor fremden Mächten. Die Geschichte ist in jeder Hinsicht abenteuerlich. Schon das Wort ‚Gastgeber' verrät ein merkwürdiges Verständnis von Toleranz und Gastrecht. Kann man sich vorstellen, dass von einem Würdenträger des Islam bei dem Besuch der Theatinerkirche in München verlangt würde, Dinge zu entfernen, die deutlich machen, dass er einem anderen Glauben folgt als dem christlichen? Wenn ich jemanden begrüßen würde, wäre es jedenfalls nicht das erste, was ich tun würde, ihn zu nötigen, sich des wichtigsten religiösen Symbols zu entledigen, das er bei sich führt. Tatsächlich ist das Ansinnen, dem die Bischöfe Folge leisteten, Ausdruck eines Islam, der vor anderen Religionen wenig Achtung hat."[96]

Auch der jüdische Historiker Michael Wolffsohn sprach in einem Offenen Brief mit dem Titel *Kirchen-Sensation* in der *Bild*-Zeitung von „Unterwerfung" und verwies außerdem darauf, dass Christen früher den Tempelberg besuchen konnten, ohne dass das Tragen von Kreuzen ein Thema war.[97]

Nach Bedford-Strohm hatte auch die jüdische Seite um ein Ablegen des Kreuzes an der Klagemauer gebeten. Wolffsohns Recherchen in Jerusalem ergaben dafür aber keine Anhaltspunkte. Eine solche Aufforderung wäre auch unwahrscheinlich, denn während um Israel herum das Christentum brutal ausgelöscht wird, hat sich die Zahl der Christen in Israel seit seiner Gründung vervierfacht. Christen kämpfen heute in Israels Armee. Ihre Begründung: „Wenn wir jetzt nicht an der Seite der Juden kämpfen, wird es uns in dreißig Jahren nicht mehr geben." Darum hat ein jüdischer Bürgermeister z. B. einer Baptistengemeinde kostenlos Land für den Bau einer Kirche zur Verfügung gestellt und ausdrücklich um ein weithin sichtbares Kreuz gebeten.

Der evangelische Theologe und Journalist Johannes Gerloff, der seit zwanzig Jahren in Jerusalem lebt, fasst darum zusammen: „All das haben die Bischöfe und ihre Berater nicht bedacht. Deshalb ist das Foto mit Scheich, aber ohne Amtskreuze Zeugnis für einen erschreckenden Mangel an Kultursensibilität und Realitätsnähe."[98]

Wolffsohn: „Es schmerzt mich, erleben zu müssen, dass und wie Christen ihr Christentum selbst und ohne Not aufgeben. [...] Das von Kardinal Marx und Bedford-Strohm in Jerusalem gelebte Christentum ist auch keine gute Grundlage für die Integration von Muslimen in Deutschland. Auf unsere hiesige Integrationsdebatte übertragen bedeutet ihr ‚Modell' nämlich: Wir geben uns selbst auf. Angesichts dieser Christenhaltung stellt sich für mich die bange Frage: Müssen die Juden jetzt die letzten Verteidiger und Bewahrer des Christentums sein?"

Man kann nicht als Pilger kommen und sich wie ein Tourist benehmen. In einer Zeit, in der Gipfelkreuze abgesägt werden und sich immer mehr Widerstand gegen Kreuze in öffentlichen Gebäuden und Schulen bemerkbar macht, ist es nicht nur für die orientalischen Christen ein verheerendes Signal, wenn Bischöfe sich so verhalten. Es zeigt auch, was man in Zukunft von ihnen in Deutschland zu erwarten hat: Ein ständiges Nachgeben auf muslimische Forderungen um des lieben Friedens willen.

Nach einer langen Phase der Selbstrechtfertigung und nach viel erfahrener Kritik hat man mittlerweile nun etwas kleinlaut eingeräumt, dass es wohl doch besser gewesen wäre, man hätte den Tempelberg nicht besucht.

Im Monatsmagazin *Chrismon* bezeichnete sich Bedford-Strohm als „leidenschaftlichen Pluralisten". „Unsere Vision", so führte er aus, „ist die einer Gesellschaft, in der Menschen unterschiedlicher religiöser und kultureller Prägung friedlich und tolerant miteinander leben. Alle Religionen und Weltanschauungen, die diesen übergreifenden Konsens teilen, gehören zu uns." So gesehen sei die pauschale Abwertung des Islams der falsche Weg. So schön das auch klingt, die Vision von Bonifatius und den anderen Deutschland-Missionaren war eine andere. Sie wollten ganz Deutschland für das Christentum gewinnen.

Der frühere CDU-Fraktionsvorsitzende im hessischen Landtag, Christean Wagner, der lange Mitglied des Lutherischen Senats der EKD sowie der Kirchenkreissynode in Marburg-Land war, meinte denn auch in einem Brief an den Ratsvorsitzenden, der höchste Repräsentant der EKD sollte lieber „mit Leidenschaft Christ" sein. Und außerdem: Wer immer reflexhaft davor warne, den Islam pauschal zu verurteilen, ignoriere die Ängste der Bürger. „Er erweckt den absurden Eindruck, den Islam vor Christen schützen zu müssen."

Bedford-Strohm hat eine pastorale Aura und eine sanfte Redeweise. Man könnte denken, man hätte einen Menschen voller Liebe und Güte vor sich, der allen Menschen empathisch, aufgeschlossen und freundlich gegenübersteht. Wären da nicht die „Rechtspopulisten", vor denen er als einzigen nicht genug warnen kann und wo er „klare Kante zeigen" will, denn sie entsprechen mit ihrer Widerborstigkeit und ihrer Skepsis nicht dem erträumten Mulikulti-Idyll des Bischofs. Der Berliner

Bischof Markus Dröge sekundierte ihm auf der Landessynode seiner Kirche, der EKBO: Gegen die Thesen der Rechtspopulisten zu sein, sei Christenpflicht. Man dürfe nicht zulassen, dass menschenfeindliche Ideologien gesellschaftsfähig werden. Dabei sammeln sich hier großenteils die konservativ-patriotischen Kreise, die früher in der evangelischen Kirche das tragende Fundament bildeten, in der noch nicht entkernten CDU beheimatet waren, und einst auch die eigentlichen Widerstandszentren gegen die gottlose Nazidiktatur ausmachten, heute aber als „braun" und „rechtsextrem" verunglimpft werden. Und das sollen nun die Bösewichte schlechthin sein? – Nicht wenige ehemalige Sozialdemokraten, die sich von ihrer Partei nicht mehr vertreten fühlten, sind ebenfalls dabei. Sie sind beileibe keine „Menschenfeinde" und haben auch durchweg überhaupt nichts gegen Ausländer – warum denn auch? –, sie wollen nur nicht, dass ihnen nach Nazi-Art eine hochriskante und nicht biblische Multikulti-Ideologie mit Absolutheitsanspruch übergestülpt und aufgenötigt wird. Und sie mögen es nicht, wenn ein linker Fortschrittsglaube als biblische Glaubenszuversicht uminterpretiert wird. Es ist uns in der Bibel ja nicht verheißen, dass durch menschliches Handeln alles immer besser wird. Vielmehr wird gesagt, dass sich zum Ende hin alles krisenhaft zuspitzen wird.

Durch diese „Theologie der leeren Kirchenbänke" (Peter Hahne) verlassen die Menschen die Kirche in hellen Scharen, täglich rund tausend allein die EKD. Seit der Wiedervereinigung sind bereits rund fünf Millionen Mitglieder aus der EKD ausgetreten. Dafür werden gern finanzielle Gründe geltend gemacht. Wenn man sich umhört, erfährt man aber immer wieder, dass der eigentliche Grund für diesen Entschluss die rot-grüne Dominanz und Einseitigkeit ist.

Jüngst trat einer der renommiertesten Restauratoren von Kirchen und Baudenkmälern in Deutschland, Prof. Wulf Bennert, aus der Kirche aus (er hat u. a. mehrere hundert Kirchen, aber auch Baudenkmäler wie das Brandenburger Tor, die Wartburg und Schloss Neuschwanstein renoviert). Als Begründung für diesen Schritt nannte er den linkslastigen und islamfreundlichen Kurs der Kirche. Die frühere Ministerpräsidentin von Thüringen und Pastorin Christine Lieberknecht, die ihn seit dreißig Jahren kennt, sagte dazu: „Wenn sich ein so engagierter und kritisch fragender Christ an Praktiken der DDR-Führung erinnert fühlt, dann muss das für die Kirche Anlass zu kritischer Selbstreflexion sein. Denn solche Austritte treffen sie ins Mark." Gerade diejenigen, die die Bibel noch ernstnehmen und sich aus ihr Wegweisung holen, vielleicht mehr als mancher Bischof, reagieren empfindlich auf Zeichen der politischen Engführung. Wer wirklich die Bibel zum Thema Zuwanderung befragen will, sollte einmal das Büchlein *Ein-*

ordnung der Zuwanderung aus biblischer Sicht von Jakob Tscharntke lesen.[99]

Wenn die „Rechtspopulisten" Sorge um das „christliche Abendland" äußern, findet Bedford-Strohm das „regelrecht absurd". Denn „weiter entfernt von prägenden christlichen Grundorientierungen wie Nächstenliebe, Empathie oder Eintreten für Schwache als diese Gruppierungen kann man kaum sein." Damit verschiebt er freilich die Auseinandersetzung von der sachlichen Ebene auf die emotional-moralisierende. Es geht hier nämlich nicht einfach nur um Egoismus und Fremdenfeindlichkeit. Es geht vornehmlich um Gerechtigkeit, Ausgewogenheit und berechtigte Selbstbehauptung gerade auch im Hinblick auf die eigenen Schwachen. Eine grundsätzliche Hilfs- und Aufnahmeverweigerung für notleidende Kriegsflüchtlinge hat auch bisher kein „Rechtspopulist" gefordert.

Der schrankenlosen Hinwendung zu Asylanten jeglicher Couleur und Motivation steht nämlich eine merkwürdige Herzlosigkeit denen gegenüber, die die bischöfliche Großzügigkeit erst ermöglichen müssen. Wer denkt an die schwer schuftenden Menschen, die mit zwei Jobs ihre Familie immer noch nicht ernähren können aber Steuern zahlen müssen, wer an die einzelnen jungen Leute, die vor lauter Steuern kein Geld für eine Familiengründung ansammeln können? Wer setzt sich propagandistisch für die große Masse der Bürger ein, die nicht in der Lage sind, die staatlich empfohlene private

Altersvorsorge aufzubauen, deshalb auf eine Altersarmut zugehen und dennoch Steuern zahlen müssen? Wer denkt an kinderreiche Familien, die zwangsläufig arm sind, wer an die alten Leute, die aus ihren angestammten Armeleute-Vierteln vertrieben werden, weil sie es in der fremd gewordenen Umgebung nicht mehr aushalten können, somit auch ihre Heimat verloren haben, aber nun in besseren Vierteln die Miete nicht mehr bezahlen können?

Der Bischof denkt offensichtlich – trotz seiner Dissertation *Vorrang für die Armen. Auf dem Weg zu einer theologischen Theorie der Gerechtigkeit* – nicht an sie, obwohl es doch seine eigenen Schutzbefohlenen sind. Er sollte auch bedenken, dass zum „christlichen Abendland" immer auch die philosophisch-rationale Durchdringung eines Themas gehörte, wie sie sich z. B. in der eingangs erwähnten Sentenz Thomas von Aquins zeigt.

Und außerdem gehörte zum christlichen Abendland auch die tausendjährige Abwehr eines aggressiven Islams, der, ohne provoziert worden zu sein, mit seinen Eroberungs- und Raubfeldzügen den Krieg gegen das Christentum und das Judentum aufnahm und das Christentum auf Europa, das eigentlich doch nur ein Vorposten des Christentums war, zurückdrängte. Bis in die Neuzeit hinein terrorisierte er mit seinen Korsarenschiffen die Küsten Europas bis nach Südengland. Mohammed war alles andere als ein Beispiel für Friedfertigkeit, Vergebung, Milde und Eintracht, sondern ein Machtmensch erster Güte. Eroberung, Unterwerfung, Beutemachen und Glaubensverbreitung gingen stets Hand in Hand. Wären Männer wie Karl Martell, Bernhard von Clairvaux, Urban II. und Prinz Eugen dem nicht entgegengetreten, wäre Europa schon lange islamisch. Die mit vielen Entschuldigungen bedachten christlichen Kreuzzüge waren ja keine Überfälle auf unschuldige Muslime, sondern im historischen Kontext nur eine Selbstverteidigung der heiligsten Stätten der Christenheit und Reaktion auf den muslimischen Terror.[100]

Es ist vermessen zu glauben, dass das nun alles vergangen und abgehakt ist und ab jetzt alles anders wäre. Es gibt genug Äußerungen von muslimischer Seite, die das Gegenteil belegen. Die Sorgen der Menschen vor einer wie immer gearteten muslimischen Machtergreifung sind also sehr berechtigt. Ein geschichtsvergessener Bischof, der das beiseite wischt und verteufelt, zeigt sich selbst als wenig empathisch und barmherzig.

Zudem ist auch die Bewahrung des Eigenen ein legitimes Anliegen. Durch demografische Verschiebungen könnte sehr vieles ins Wanken geraten. Man sieht in den Theatern und Konzertsälen sehr viele Asiaten, die mit großer Begeisterung unsere Kultur aufnehmen und als Künstler ausüben, aber normalerweise keinen Araber. Jetzt schon fällt es sehr schwer, den Kulturbetrieb zu finanzieren, bei anderen Mehrheiten könnte es noch viel schwerer werden. Die Worte des Bischofs erscheinen darum auch wenig durchdacht.

Das schwerwiegendste Problem ist aber, dass eine Vielzahl von Muslimen, die von ihrer Religion überzeugt sind, auf wenige überzeugte Christen treffen. „Die Zahl der überzeugten Christen in Deutschland ist kleiner geworden", sagte Innenminister de Maizière dem Magazin *Stern*. Es mache „die Integration vieler Muslime nicht einfacher, dass sie auf eine Gesellschaft mit einem – gegenüber früher – verunsicherten christlichen Selbstbewusstsein stoßen. […] Wir sind uns unserer selbst, unserer Identität nicht sicher genug. Wir wissen nicht mehr genau, wer wir sind und wer wir sein wollen, was uns als Deutsche ausmacht." – Sollte ein Bischof sich angesichts dieser Lage nicht zuerst einmal um diese Dinge kümmern und den Schwund des Christlichen in der Gesellschaft bekämpfen?

Der frühere bayerische Ministerpräsident und Vizepräses der EKD-Synode Günther Beckstein mahnte auf einer Tagung des Verbandes Christen in der Wirtschaft (CiW) die Kirche angesichts ihrer einseitigen Äußerungen zu mehr Zurückhaltung bei politischen Themen und gab zu bedenken: „Ich kenne viele, die wegen politischer Äußerungen von Bischöfen aus der Kirche ausgetreten sind, aber niemanden, der deswegen eingetreten ist." Bei gleicher Gelegenheit sagte er: „Es ärgert mich, dass die Kirche Muslime, die zu uns kommen, nicht missionieren will." Es gehe ja nicht darum, jemanden in aggressiver Weise zu etwas zu überreden: „Aber selbstverständlich schulden wir diesen Menschen das Zeugnis des christlichen Glaubens."[101]

Mit dem Thema Mission tut sich die evangelische Kirche in der Tat schwer. Allein die Tatsache, dass man über sie überhaupt diskutiert, ist schon ein Krisensymptom einer Kirche, denn Mission ist die elementarste Lebensäußerung eines Glaubens. Wie zuvor schon auf landeskirchlichen Synoden hat nun auch die EKD-Gesamtsynode die Judenmission mit der Begründung abgelehnt, sie widerspräche der dauerhaften Erwählung Israels. Das ist schwer einzusehen. Von Christus sagt die Bibel: „Durch ihn ist alles geschaffen, was im Himmel und auf Erden ist, das Sichtbare und das Unsichtbare, es seien Throne oder Herrschaften oder Fürstentümer oder Obrigkeiten; es ist alles durch ihn und zu ihm geschaffen. Und er ist vor allem, und es besteht alles in ihm" (Kol. 1, 16f.). Wieso soll dann etwas neben Christus und an ihm vorbei bestehen können und seiner nicht bedürfen?

Könnte womöglich hinter dem Synodenbeschluss ein nicht genanntes, anderes Motiv stecken, wie die Tageszeitung *Die Welt* vermutet? „Die Frage ist, ob nicht hinter der Absage an die Judenmission eine generelle Skepsis der EKD gegenüber der Mission steckt. Denn wie will man anderen Menschen zumuten, was man bei Juden für unmöglich hält? Mag die EKD also gar nicht missionieren?"[102]

Die Judenchristen, die auf den evangelischen Kirchentagen ohnehin schon nicht gern gesehen waren, sitzen nun zwischen allen Stühlen. Der bekannte Evangelist und Pfarrer Ulrich Parzany äußert sich dazu so: „Die Synode hat verboten, was in der evangelischen Kirche sowieso keiner tut: Judenmission. […] Was bildet sich eigentlich eine Kirchensynode ein – und ausgerechnet eine deutsche –, dass sie meint, sie könne die Messianischen Juden einfach ignorieren. Man erwähnt sie nicht einmal, aber verbietet ihnen quasi, ihrem Volk das Evangelium von Jesus zu sagen? Sie sollen nicht sagen dürfen, was Petrus und Johannes vor der Regierung in Jerusalem von dem gekreuzigten und auferstandenen Jesus gesagt haben: ‚Und in keinem andern ist das Heil, auch ist kein anderer Name unter dem Himmel den Menschen gegeben, durch den wir sollen gerettet werden'" (Apostelgeschichte 4,12).

Parzany verweist auf einen Vortrag, den der hoch angesehene Theologieprofessor Eberhard Jüngel 1999 vor der Kirchensynode in Leipzig hielt und wo er unwidersprochen ausführte: „‚Christ der Retter ist da!' Diese Wahrheit darf allerdings niemandem vorenthalten werden, muss also auch Israel gegenüber angezeigt werden. Aus der Bezeugung des Evangeliums in Israel ist ja die Kirche hervorgegangen. Sie müsste ihre eigene Herkunft verleugnen, wenn sie das Evangelium ausgerechnet Israel gegenüber verschweigen wollte. Dass das Evangelium Israels ureigenste Wahrheit ist, daran zu erinnern, haben die Apostel sich verpflichtet gewusst. Aus dieser Verpflichtung kann auch die Kirche nicht entlassen werden."[103]

Der Dichter Franz Werfel hat einmal gesagt: „Ich fühle mich kraft uralter Bluts- und Wesensverwandtschaft gerade als Jude zu folgender Anschauung berechtigt: Diese Welt, die sich zivilisiert nennt, kann seelisch nur geheilt werden, wenn sie den Weg zu einem echten Christentum wieder findet. Warum? – werden die Küster der Diesseitigkeitsgesinnung eifern. Weil die Lehre Christi – so muss die tiefere Einsicht bekennen – nicht nur nicht erschöpft, sondern kaum geahnt ist. Weil sie alle Gegenwartsbewegung an religiösen und sittlichen Werten an Sternenhöhen überragt. Weil sie den plumpen Real-Barbaren und den besessenen Interessenten in Europa und Umgebung vor das heilige Paradox stellt: Lebe gegen deine Interessen für die Wahrheit und das Leben!"[104] Und das soll heute nun nicht mehr gelten?

Noch gravierender und bezeichnender als der Verzicht auf die Juden-Mission ist die Verneinung der Muslim-Mission (die es im Übrigen immer gegeben hat). Auch hier wurden auf den Kirchentagen keine Konvertiten gesichtet, die man freudig und liebevoll in die Arme genommen hätte. Würden sich nicht einzelne, vor allem freikirchliche Gemeinden, um sie kümmern, wären sie völlig sich selbst überlassen. Noch ist kein offizieller Beschluss zur Ablehnung der Muslim-Mission gefasst worden. Man denkt aber darüber nach.

So heißt es in einem Diskussions- und Arbeitspapier der Rheinischen Kirche mit dem Titel *Weggemeinschaft und Zeugnis im Dialog mit Muslimen* folgendermaßen: „Eine strategische Islammission oder eine Begegnung mit Muslimen in Konversionsabsicht bedroht den innergesellschaftlichen Frieden und widerspricht dem Geist und Auftrag Jesu Christi und ist entschieden abzulehnen." Zurückgewiesen werden „fundamentalistische Ansprüche, im Alleinbesitz der Wahrheit zu sein".

In einem gemeinsamen Lernprozess, „Dialog des Lebens" genannt, will man das Verbindende herausfinden und stärken. Dabei soll der heutige Bibelleser „theologisch entscheiden, auf welche Traditionen der Bibel wir in der heutigen Situation den Schwerpunkt legen wollen. Im Hinblick auf die religiöse und kulturelle Pluralität in unserer Gesellschaft kommen hier diejenigen Erzählzusammenhänge in den Blick, die einem friedlichen Zusammenleben in Unterschiedlichkeit dienen" (S. 11). Das dürfte aber kein unbedenkliches exegetisches Verfahren sein, wenn man Sperriges ausblendet und das Gesamtzeugnis der *Bibel* nicht mithört.

Die Arbeitshilfe geht einer Benennung der Widersprüche weitgehend aus dem Wege. „Man konzentriert sich auf die Sittlichkeit in der Meinung, dass auf diesem Gebiet ein konfliktfreier Dialog mit den Muslimen zu erreichen ist, oder weil man die sittliche Botschaft Jesu für das entscheidende Merkmal des Christentums hält und Jesus primär oder nur noch als ‚weisen Sittenlehrer' versteht" (Prof. Dr. Ulrich Eibach im Info-Brief des Rheinischen Pfarrervereins). Die für den christlichen Glauben konstitutiven Aussagen werden als *Quantité négligeable* behandelt (Trinitätslehre, Gottessohnschaft Jesu, Kreuzestheologie, Rechtfertigungslehre, Heilsverständnis etc.). Das ist geradezu erschreckend. Seitens der Muslime wird man sich so nur Verachtung einhandeln. Sie sind sowieso der Meinung, dass Christen ihren eigenen Glauben nicht ernstnehmen.

Sollte jemand in der evangelischen Kirche auf dem *solus Christus*, *sola fide* und *sola scriptura* beharren, so hat er gute Chancen als ein „fundamentalistischer Dialogverweigerer" dazustehen. Das EKD-Papier *Reformation und Islam. Ein Impulspapier der Konferenz für Islamfragen der Evangelischen Kirche in Deutschland* sieht diese reformatorischen Theologumena nämlich als zeitbedingt an. Das *solus Christus* wende sich gegen die spätmittelalterliche Heiligen- und Marienverehrung, das *sola scriptura* lehne später hinzugekommene kirchliche Sonderlehren ab und das *sola fide* wende sich gegen die mittelalterliche Werkgerechtigkeit (und damit auch die Käuflichkeit der Sündenvergebung statt der *sola gratia*). „Eine Übertragung der reformatorischen Positionierungen und Abgrenzungen in die Gegenwart ist nicht ohne weiteres möglich", heißt es.

Die Arbeitshilfen wollen, wie sie erklären, nichts Eigenes aufgeben und die zentralen Glaubensinhalte nicht verändern. Sie drücken sich allerdings einerseits so differenziert und diffizil und andererseits auch so vage aus, dass der normale Kirchenchrist aus ihnen entnehmen wird, es gebe zwischen beiden Religionen mehr Gemeinsames als Trennendes.

Das sieht auch der Leiter der Mission für Süd-Ost-Europa, Friedemann Wunderlich, so. Diese Veröffentlichungen erweckten den Eindruck, „dass es zwischen Islam und Christentum mehr Gemeinsames als Trennendes gibt". Immer mehr Vertreter aus Landes- und Freikirchen stimmten in diesen Ton ein und verharmlosten die Gefahren des Islam. Der islamische Gebetsruf „Allahu Akbar" (Allah ist größer) sei eine politische Machtdemonstration. Sein Sinn: Alles habe sich Allah zu unterwerfen, auch die westlichen Gesellschaftssysteme. Wunderlich: „Viele Europäer verstehen das nicht, weil sie Religion nur als Privatangelegenheit einstufen."[105]

Auch sonst erfuhren die kirchlichen Papiere viel Kritik. Und in der Tat: Was soll diese Aversion gegen Mission? Was sollen diese Warnungen vor Bekehrungsabsichten? Wer will denn quasi militärisch-strategisch die islamische Front aufrollen? Wer hat überhaupt die Kraft dazu? Und zu der übertriebenen Sorge, man könnte dem Anderen zu nahe treten und ihn zum Objekt erniedrigen: Ist es nicht selbstverständlich, dass man dem anderen Menschen nur auf der gleichen Ebene zu begegnen hat, nicht von oben herab, sondern als Sünder zu Sünder? Natürlich kann Mission auch nur im Dialog geschehen. Wie denn sonst? Man kann ja keinem den Glauben befehlen – jedenfalls nicht im Christentum. Im Islam kann man sehr wohl Unterwerfung fordern. Und natürlich gehören zur Mission immer auch Empathie und Respekt vor der Würde des Anderen, den man ja nicht vergewaltigen darf. Auch Jesus respektierte beim reichen Jüngling die Entscheidung gegen ihn. Ferner ist der rechte Kairos wichtig, man kann nicht mit der Tür ins Haus fallen. Auch ist man nicht „im Besitz" der Wahrheit in dem Sinne, dass man ein Besserwisser ist. Unsere Wahrheit ist das In-Christo-Sein, der von sich sagt, er sei die Wahrheit. Und letztlich kann man Mission nicht als Menschenwerk betreiben, es ist immer auch und vor allem ein Werk des Heiligen Geistes. Das alles sind eigentlich Selbstverständlichkeiten, die keiner Diskussionspapiere bedürfen. Bei rechter und wahrer Mission war das nie anders. Und wie kann man überhaupt missionarische Bemühungen abbremsen wollen, wenn es doch darum geht, die Liebe Gottes in Christus zugänglich zu machen? (Worauf man entgegnet, auch die Muslime stellten sich unter die Barmherzigkeit Gottes.)

Sehr wahrscheinlich hat man große Sorge, durch religiöse Auseinandersetzungen könnte das friedliche Zusammenleben gefährdet sein und mahnt deshalb zur Zurückhaltung – was aber leicht auf Kosten der Wahrheit gehen könnte.

Man kann und muss sehr wohl dem einzelnen Muslim Wertschätzung und Anerkennung zollen, aber kann man das auch gegenüber dem Islam als solchem tun? Hat man in der EKD die Quellen, aus denen sich der Islam speist – das *Leben Mohammeds*, den *Koran* und der *Hadithe* – nicht zur Kenntnis genommen? Luther, der den *Koran* in lateinischer Übersetzung kannte, wollte dieses „schändliche" Buch so bald wie möglich ins Deutsche übersetzen, damit sich jeder zur Abschreckung selbst ein Urteil bilden konnte. Er war der Meinung: „Man kann Mohammed und den Türken nichts Verdrießlicheres tun, als den Koran bei den Christen an den Tag zu bringen." Von sogenannten „Experten" wird ihm heute unterstellt, er hätte keine tiefer gehende Kenntnis über den Islam gehabt. Aber das Gegenteil ist wahr. Er war nicht nur über die Grundlehren des Islam informiert, er kannte sogar die subtilsten Diskussionen islamischer Theologen. Und er hat auch scharfsinnig und subtil darauf geantwortet – allerdings klar und entschieden, und damit macht er sich in den heutigen Zeiten von künstlicher interreligiöser Harmonie und Toleranz unbeliebt. Aber: „Während Luther seine Bewertung des Islam ausnahmslos durch die Worte Allahs im Koran begründet, operieren seine Gegner mit viel Phantasie und Verleumdung,"[106]

Für Luther war der Islam ein „Reich, dessen Wesen und Entstehen ganz allein durch den Kampf gegen Christus und seine Heiligen bestimmt" war. Die EKD sieht das aber anders. In ihrem Impulspapier *Reformation und Islam* nennt sie Luthers Aussagen zum Islam „polemisch", „einseitig", „schemenhaft", „holzschnittartig" und „nicht passend zu gegenwärtigen dialogischen Ansätzen" – und mit Letzterem ist die Katze aus dem Sack. Nun darf der Islam nicht mehr abgewertet oder für „unwahr" erklärt werden. Das „Solus Christus" wird durch „Solus dialogus" ersetzt – also „wahr ist, was dem Dialog dient!"

Statt eine dermaßen unbestimmte Haltung einzunehmen, wäre es besser für die EKD, sie würde sich wieder mehr an Luther und dessen Klarheit orientieren. Es würde ihr auch bei den Muslimen mehr Respekt einbringen. Gerade jetzt, wo Christen in fast allen islamischen Ländern unterdrückt und verfolgt, in manchen vertrieben und ausgelöscht werden, ist die Haltung der EKD nicht ganz verständlich. Warum sollten wohl Christen in islamischen Ländern ihr Leben und den Bruch mit ihren Familien aufs Spiel setzen, wenn es doch hier um denselben

Gott ginge? Ist die Haltung der EKD nicht ein Schlag ins Gesicht dieser leidenden Schwestern und Brüder?

Zudem: In einer Zeit, in der mit gutem Grund vom *Untergang der islamischen Welt* aufgrund seiner inneren Desperatheit und einem *Islamischen Faschismus* die Rede ist – so die Buchtitel des unübertrefflichen und wirklichen Islamexperten Hamed Abdel-Samad – kann man sich auch fragen, ob es sinnvoll und richtig ist, dem Islam mit Wertschätzung, Lernbereitschaft und Demutsgesten zu begegnen, ihn mit Unterstützung der Kirchen in Deutschland immer fester zu etablieren und ihn hier quasi wieder aufzurichten. Sollte es nicht eher Aufgabe der Kirchen sein, den vielen verstörten, belasteten und fragenden Muslimen eine Antwort und einen Halt zu geben? Besonders unter iranischen Schiiten gibt es eine erstaunliche Offenheit für den christlichen Glauben. (Sie erklären das u. a. damit, dass sie durch die Karawanenstraßen, die durch ihr Land führten, schon immer mit anderen Glaubensrichtungen bekannt gemacht wurden.)

Martin Luther wird übrigens z.Zt. in der „Lutherdekade" und im „Lutherjahr" besondere Aufmerksamkeit zuteil. Von der Luthersocke mit der Aufschrift „Hier stehe ich, ich kann nicht anders" bis zum Playmobil-Lutherfigürchen gibt es so ziemlich alles, was sich denken lässt. Auch Veranstaltungen mit

Titeln wie „Immer Ärger mit Martin", „Deftige Brotzeit mit Martin Luther", „Luthergames", „Vergnügt, erlöst, befreit" usw. Natürlich aber auch solche mit ernsthafterem Charakter. Meistens geschieht das Luthergedenken allerdings in einer etwas gönnerhaften und schulterklopfenden Art, durchsetzt mit zeitgeistiger Kritik, die diesem wahrhaften Gottesmann nicht gerecht wird und seinen heiligen Ernst nicht nachvollziehen kann.

Der FAZ-Feuilletonchef Jürgen Kaube warf kürzlich der EKD sogar vor, im Jubiläumsjahr „Produktpiraterie" zu betreiben, weil sie Luther hemmungslos vermarkte, die eigene Gesinnung sei jedoch „von Luthers Ideengut und Temperament so weit entfernt wie nur irgend denkbar": Es steht ‚Luther' drauf, ist aber kein Luther drin."

Der Journalist und Schriftsteller Matthias Matussek, ein bewusster Katholik, sagt in einem *FOCUS*-Artikel (Nr. 42/2016) treffend: „Was heute erstaunen muss, ist die Tatsache, dass von diesem berserkernden Religionsführer in seiner Christus-Zentriertheit, in seiner Höllenangst, in seinem furchtsamen und wütenden Ringen um einen gnädigen Gott – sola fide, nur im Glauben ist er zu finden –, dass von all dem in unseren Breiten nur dieses bekenntnisfreie Gesäusel blieb, diese Trivialitäten zum ‚Wort zum Sonntag', dieses Seid-nett-Zueinander, dieses kapitulierende Verbrüderungswischiwaschi besonders angesichts der aggressiven islamistischen Herausforderung und ihrer tatsächlich glühend Glaubenden. Wir dagegen verzeichnen eine sedative zeitgemäße Klampfenmusik, deren Seichtheit nur noch überboten wird von der der progressiven Katholiken in einem zunehmend glaubenslosen, diesseitsversessenen Land..."

Nach Matussek wird heute in der evangelischen Kirche „nichts so energisch propagiert wie die Werkgerechtigkeit: Tut Gutes, rettet die Flüchtlinge und das Weltklima, besonders aber kümmert euch um die Frauen und ihre Quoten, im Altarraum und in den Aufsichtsräten.

In der evangelischen Kirche könnte man von Luther noch viel mehr lernen als ihr offensichtlich bewusst ist. Von dem „Donnerkerl" (Matussek) vielleicht auch dies: „Die rechte, wahre Kirche ist gar ein kleines Häuflein, hat kein oder gar wenig Ansehn, liegt unter dem Kreuze. Aber die falsche Kirche ist prächtig, blühet und hat ein schön groß Ansehen wie Sodom."

Man fragt sich auch, warum die EKD die vielen Warnungen arabischer Intellektueller nicht ernst nimmt. So sagt z. B. Adonis (Ali Ahmad Said Esber), der bedeutende muslimische Dichter, in seinem neuen Buch: Der vom „Fundamentalismus gepredigte Islam ist eine kulturlose Religion [...] Die Gewalt wohnt ihm inne [...] Er ist ein Aufruf zur Unterwerfung, zum ewigen Krieg, um die Menschheit zu islamisieren [...] Es gibt keinen Platz für andere Glaubensrichtungen oder Gläubige in der muslimischen Gesellschaft [...] Die große Mehrheit der arabischen Gesellschaft ist immer noch von Unwissenheit, Analphabetismus und religiösem Obskurantismus beherrscht." In einem Interview mit der *Welt* sagte er am 17. 02. 2016: „Man kann eine Religion nicht reformieren. Wenn man sie reformiert, trennt man sich von ihr. Deswegen ist ein moderner Islam nicht möglich, moderne Muslime schon."

Oder nehmen wir den aus dem Libanon stammenden Islamwissenschaftler Ralph Ghadban, selbst ein Muslim. Nach ihm hat der Multikulturalismus nichts gebracht, die Integration sei gescheitert. Auf *Focus online* erklärte er: „Die Kritik am Islam wurde als politisch inkorrekt verpönt. Auf allen Ebenen, der politischen, der juristischen und der Sicherheitsebene, begann der Rückzug des Staates aus Angst, rassistisch zu handeln und die Minderheiten zu stigmatisieren." Deutschland wie auch die anderen europäischen Länder müssten sich verteidigen und mit den Illusionen des Multikulturalismus aufräumen, denn: „Außer den erfolglosen Islamreformern, die meistens im Exil leben, erkennt der Islam weder andere Religionen noch andere Menschen als gleichwertig an."

Und außerdem: Nach Paulus „haben wir nicht mit Fleisch und Blut zu kämpfen, sondern mit Fürsten und Gewaltigen, nämlich mit den Herren der Welt, die in der Finsternis dieser

Welt herrschen, mit den bösen Geistern unter dem Himmel" (Eph. 6,12). Es ist nicht so, dass man sich nett zusammensetzt, vernünftig miteinander redet und dann rationale Entschlüsse zum Wohle der Allgemeinheit fasst. Vielmehr ist hier auch ein diabolisches, lügenhaftes, verführerisches und zerstörerisches Bedrohungspotenzial mit im Spiel, das man nicht so einfach handhaben kann und das nur mit geistlicher Vollmacht und dem Charisma der Geisterunterscheidung zu bewältigen ist. Sollte man nicht anstatt vor Mission zu warnen, lieber um Menschen bitten, die bereit und fähig sind, sich diesem Kampf zu stellen? Die Besorgnisse der EKD sind darum nicht recht verständlich. Und es stellt sich die Frage, ob hier nicht andere Motive als die angegebenen hinter ihnen stehen.

Dieser Verdacht findet sich auch in einem Papier des „Arbeitskreises Islam der Evangelischen Allianz" mit dem Titel *Können Christen und Muslime gemeinsam beten?* Hier heißt es: „Ein gemeinsames Beten von Christen und Muslimen erschien (bisher) unmöglich und ist es bis heute für die meisten Christen weltweit. Doch vorwiegend in der westlichen Welt gibt es einige liberal eingestellte Christen, die dieses Tabu endlich durchbrechen wollen. Sie möchten die Ökumene wenigstens um den Islam erweitern und greifen auf Abraham als angeblich gemeinsamen Stammvater der drei monotheistischen Religionen Judentum, Christentum und Islam zurück.

Es wird bereits hier und da bei Friedensgebeten, in Schulgottesdiensten, bei Eheschließungen und anderen besonderen Anlässen ein gemeinsames Beten versucht. Dabei unterscheidet man theologisch etwas spitzfindig, ob man ‚gemeinsam zu' oder ‚nebeneinander vor' Gott betet, d. h. ob man das Gebet des Muslims bzw. Christen mitbetet oder ihm nur andächtig zuhört. Für den normalen Zeitgenossen wird dieser Unterschied kaum verständlich sein. Begründet wird solches Beten damit, dass es doch nur den einen Gott gebe und sich Menschen trotz unterschiedlicher Vorstellungen von Gott gemeinsam an ihn wenden könnten. Diese Begründung geht davon aus, dass Menschen unterschiedliche Vorstellungen von dem einen Gott haben können, die sie nebeneinander stehen lassen sollten. Ja, man geht davon aus, dass diese unterschiedlichen Vorstellungen von Gott bzw. die verschiedenen Religionen von Gott verursacht und deshalb gewollt seien. Folglich gilt es als falsch, die Ausschließlichkeit einer Glaubensweise zu postulieren. Weitgehend wird angenommen, dass alle Wahrheit relativ ist.

Der Zeitgeist der Postmoderne hat in der westlichen Gesellschaft ein übersteigertes Harmoniebedürfnis geschaffen. Mit dem gemeinsamen Beten wird offensichtlich die Hoffnung verbunden, dass dadurch Menschen verschiedener Glaubenstraditionen sich besser verstehen und friedlicher zusammen leben lernen."

Das Allianz-Papier stellt dazu drei Gruppen von kritischen Rückfragen:

„1. Ist nicht gerade das Gebet – wie immer der Mensch es versteht – etwas so Zentrales im Glauben, dass es für die Demonstration von Einigkeit höchst ungeeignet ist? Anders gefragt: Darf das Gebet zur Demonstration einer bestimmten Lehre von den Religionen instrumentalisiert werden?

2. Wird durch das gemeinsame Beten nicht etwas vorgetäuscht, das der Wirklichkeit nicht entspricht? Muss nicht solche Täuschung zu tiefen Enttäuschungen führen?

3. Steht nicht ein ganz bestimmter philosophischer Wahrheitsbegriff hinter der Anschauung, die alle Religionen auf eine Stufe stellt? Lässt sich dieser Wahrheitsbegriff wirklich biblisch begründen?

Christen beten im Namen von Jesus Christus zu Gott, der sich als Vater, Sohn und Heiliger Geist offenbart hat. Solches Beten wird von Muslimen als Götzendienst und unvergebbare Sünde verstanden und verurteilt. Die Wahrheit gebietet, diesen tiefen Unterschied nicht zu verschleiern."

Bei einem Jahresempfang der badischen Landeskirche am 12. Juli 2016 für das Bundesverfassungsgericht, den Bundesgerichtshof, die Bundesanwaltschaft und die Rechtsanwälte am Bundesgerichtshof führte der Ratsvorsitzende der EKD, Bischof Bedford-Strohm, Folgendes aus: „Die Grundlage dieses Konzeptes [der ‚Öffentlichen Religion'] ist für mich die Idee eines übergreifenden Konsenses in einer demokratischen Gesellschaft, wie sie v. a. von John Rawls formuliert worden ist. In einer solchen Gesellschaft – so der Grundgedanke – kann von einer großen Vielfalt verschiedener Konzeptionen des guten Lebens ausgegangen werden. Die Vertreterinnen der jeweiligen Konzeptionen bringen ihre Ideen und Werte in die gesellschaftliche Gemeinschaft ein, indem sie öffentlich dafür eintreten. Keine dieser allgemeinen und umfassenden Konzeptionen des Guten kann sich selbst zur einzig legitimen erklären und gesetzlich verbindlich machen. Alle Konzeptionen teilen aber ein Minimum an fundamentalen Werten. Diese Werte sind in unterschiedlicher Weise in den religiösen, moralischen oder philosophischen Traditionen der jeweiligen Konzeptionen des Guten gegründet. Alle aber überschneiden sie sich aber im Hinblick auf bestimmte Grundannahmen über die Bedeutung des Menschseins, auch wenn die Interpretationen dieser Grundannahmen sich unterscheiden mögen."

Dieses Gesellschaftsmodell hat offensichtlich die Sympathien des Bischofs. In seinem Denken nimmt das Thema Zivilreligion oder Öffentliche Religion einen großen Raum ein. Deshalb gründete er auch an seinem Bamberger Lehrstuhl eine „Dietrich-Bonhoeffer-Forschungsstelle für Öffentliche Theologie".

Über eine Bürgerreligion bzw. Zivilreligion wird schon mindestens seit Rousseau nachgedacht, in Deutschland u. a. auch von Hermann Lübbe und Jürgen Habermas. Es handelt sich hier kurz gesagt um „eine Religion, die als gemeinsames Band aller fungiert, um gerade in pluralen heterogenen Gesellschaften nach der Trennung von Kirche und Staat eine Art Zusammenhalt zwischen den Bürgern eine Staates herzustellen."[107]

Was Rawls (1921 – 2002) anbelangt, so stellt er „die umfassende Doktrin eines säkularen ‚aufgeklärten Liberalismus' selbst in die Nähe einer religiösen Doktrin: Es gäbe viele Liberalismen mit verschiedenen auch kulturspezifischen Interpretationen von Freiheit, Gleichheit und Gerechtigkeit, die auch religiös begründet werden könnten. Auch auf der Basis der Scharia könnte eine konstitutionelle Demokratie gegründet werden."[108]

Für Deutschland würde eine Zivilreligion praktisch bedeuten, dass die religiösen Gemeinschaften, um die anderen nicht zu belästigen, zu Hause oder in ihren Gebetshäusern ihre religiösen Spezialitäten ausleben – ein Modus, der in atheistischen Diktaturen sehr beliebt ist –, und das, was sie für wichtig oder gar unverzichtbar halten, der Öffentlichkeit bekanntmachen. Diese nimmt das dann im Parlament und im Verfassungsgericht auf (oder auch nicht) und alle haben sich an deren Beschlüsse zu halten. Parlament und Verfassungsgericht speisen sich darüber hinaus noch aus den verschiedensten weltanschaulichen Quellen. (So gibt es z. B. mit Susanne Baer eine lesbisch verpartnerte, genderbewegte, feministische Verfassungsrichterin.) Der Unterschied zum jetzigen Zustand ist eigentlich nicht sehr groß, nur dass die christliche Religion hier als eine unter anderen behandelt, also zurückgedrängt wird und das Ganze mit einem quasi religiös überhöhten ideologischen Überbau versehen würde, nämlich eben der Zivilreligion. Und die wäre allein maßgebend.

Im Grunde geht man bei diesen Gesellschaftsmodellen davon aus, dass keiner die ganze Wahrheit besitzt und auf die Ergänzung durch andere angewiesen ist. Und im Grunde läuft das Ganze auf eine Einheits- und Weltreligion hinaus, die von allen akzeptiert wird und auch im Namen eines allumfassenden Humanismus von allen zu akzeptieren ist.

Hier sollte man hellhörig werden, denn dem Staatsrechtler und Philosophen Carl Schmitt zufolge kommt es zur absoluten Feindschaft paradoxerweise gerade dann, wenn sich eine Partei den Kampf für den Humanismus auf ihre Fahnen geschrieben habe. Denn wer für das Wohl oder gar die Rettung der ganzen Menschheit kämpfe, müsse seinen Gegner als „Feind der gesamten Menschheit" betrachten und damit zum „Unmenschen" deklarieren. Unwillkürlich kommt einem da das bischöfliche Reden von der „Menschenfeindlichkeit" in den Sinn. Und auch Carl Schmitts bekanntes Wort „Wer Menschheit sagt, will betrügen."[109] Es ist in diesem Zusammenhang interessant, dass schon im alten Rom die Christen, die die große Einheitsreligion nicht mitmachten, als „Feinde des Menschengeschlechts" bezeichnet wurden.

Zur Einheits- und Weltreligion passt auch gut eine Einheits- und Weltregierung. Es ist ja immer wieder davon die Rede, dass man eine Verantwortung für die ganze Welt, das ganze Haus der Menschheit habe und eben darum vor Ort schon das spätere friedliche Zusammenleben berücksichtigen und einüben müsse. Das hört sich sehr gut an. Wer wollte dem widersprechen? Die Frage ist nur, ob man deswegen Bestehendes, Funktionierendes und Wahres erst einmal destabilisieren und zerstören muss. Ob man organisch gewachsene Einheiten für einen Wildwuchs mit viel Unkraut opfern muss. Man weiß nämlich nicht so recht, ob man um des hehren Zieles willen, gewisse Zustände erst herbeiführt, um sie dann im zivilreligiösen Sinne zu lösen.

Manches spricht dafür. Die Akteure müssen gar keine Geheimorganisationen sein, Verschwörerzirkel und dergleichen. Es genügt, wenn Menschen gleicher Gesinnung und Prägung (z. B. durch die Achtundsechziger-Bewegung) aus ihrer Sicht der Dinge heraus handeln. Auch ohne Absprache weiß dann jeder an seinem Platz, was er zu tun hat. Und auch so kann eine machtvolle Kulturrevolution entstehen. An Gefolgsleuten und „Experten", die auf diesen Zug mit aufspringen, wird gewiss kein Mangel sein.

Sollten vielleicht auch die marxistisch geprägten Achtundsechziger, die auch durch die Institutionen der Kirche gewandert und oben angekommen sind und denen die von Menschen gemachte Weltverbesserung im Blut liegt, der Entwicklung ein wenig nachhelfen wollen? Seltsam ist es ja schon, wie Verantwortliche der Kirchen seit Jahrzehnten für die Aufnahme von immer mehr muslimischen Asylbewerbern trommeln (obwohl von denen nur ein ganz verschwindend geringer Teil als asylwürdig anerkannt wird und sie trotzdem bleiben). Ohne Bedenken riskiert man so eine zahlenmäßige Unterlegenheit und religiöse Verfremdung, von anderen Belastungen ganz zu schweigen.

Man wird sich vielleicht noch erinnern, wie sich der damalige hessische Kirchenpräsident Peter Steinacker im Verein mit der damaligen Justizministerin Herta Däubler-Gmelin geradezu exaltiert aufführte und von Unmenschlichkeit sprach, als einige trickreich und illegal mit gefälschten Pässen und falschen Angaben eingereiste muslimische Wirtschaftsflüchtlinge aus dem Sudan am Frankfurter Flughafen abgewiesen wurden. Man musste so den Eindruck gewinnen, dass die Kirche das Land um jeden Preis mit Menschen aus anderen Kulturkreisen und Religionen vollstopfen will.

Es muss aber erlaubt sein, zwischen Flüchtlingen und illegalen Einwanderern, Schutzbefohlenen und Migranten, Asylbewerbern und Asylbetrügern zu unterscheiden, ohne dass man gleich wieder mit großen Worten der Menschenfeindlichkeit geziehen wird. Resultat solcher kirchlichen Forderungen nach ungebremster muslimischer Masseneinwanderung sind ja nun auch Vorkommnisse, wie die in der Kölner Silvesternacht 2015. Eigentlich müsste man doch jetzt auch dafür die Mitverantwortung übernehmen. Aber so weit geht die Empathie wohl nicht.

Was sind das eigentlich für Kräfte, die die Verhältnisse von Grund auf umstürzen wollen, die Relativierung des christlichen Glaubens, die Zerstörung der Nationalstaaten und Völker, die Auflösung der Geschlechter, Ehen und Familien vorantreiben und die Menschen immer mehr ökonomisch wie ideell von den Herrschenden und Meinungsmachern abhängig machen? Woher kommen sie?

Der katholische Philosoph und Priester Michel Schooyans, Mitglied der „Päpstlichen Akademie der Sozialwissenschaften" hat ein Buch geschrieben mit dem Titel *Evangelium. Die Welt im Zerfall,* für das der damalige Kardinal Joseph Ratzinger das Vorwort schrieb. In ihm macht er darauf aufmerksam, dass die Ideen von Marx und Engels über die Befreiung der

Frau aus ihrer Unterdrückung durch den Mann durch die „Gender-Ideologie" auf dem Boden von supranationalen Institutionen, vor allem der UN, wieder aufleben.

Im Gespräch wird er noch deutlicher: „In diesem Jahrtausend werden zwei Grundziele des Kommunismus ständig durchgesetzt: Die Zerstörung der Nationalstaaten und die wahre Idee von der Familie. Sprechen wir zuerst über die Idee einer Weltregierung. [...] Ich bin von der Tatsache überzeugt, dass sich die UNO in diese Richtung entwickelt und dass ihre Agenturen inzwischen die Merkmale von Ministerien eines Weltstaates haben. [...] Die kommunistische Ideologie hat den Kollaps der kommunistischen Regime überlebt und ich glaube, dass der Plan, die Welt durch die UNO regieren zu lassen, viele Merkmale der Kommunistischen Internationale aufgenommen hat. [...] Ein Anzeichen dafür ist die sogenannte ‚Genderfrage', die im Moment in der UNO sehr en vogue ist. Die Genderfrage hat mehrere Wurzeln, aber eine von ihnen ist sicherlich marxistisch. Friedrich Engels, der Mitarbeiter von Marx, hat in einer Theorie das Verhältnis von Mann und Frau als Prototyp der Konfliktverhältnisse im Klassenkampf herausgearbeitet. Marx hat den Kampf zwischen Herrn und Knecht, dem Kapitalisten und dem Arbeiter betont. Auf der anderen Seite sah er eine monogame Ehe als ein Beispiel für die Unterdrückung der Frauen durch die Männer. Die Revolution sollte ihm zufolge mit der Auflösung der Familie beginnen."[110]

Joseph Ratzinger, dem man ja mit sprungbereiter Aggressivität begegnet ist, sagt es noch umfassender: „In Europa hat sich eine Kultur entwickelt, die nicht nur das Christentum radikal negiert, sondern auch die religiösen und ethischen Traditionen der Menschheit."[111]

Es ist nicht leicht, das alles zu durchschauen, weil der Diabolos, der „Durcheinanderwerfer", Umstürzler und Lügner, bekanntlich nicht als Schreckgespenst und „brüllender Löwe" daherkommt, sondern er „verstellt sich zum Engel des Lichts" (2. Kor. 11,14). Er ist auch um fromme Worte nicht verlegen und kann sogar mit der Bibel argumentieren.

Die Wahrheit ist aber die, wie sie Erzbischof Charles Chaput aus Denver 2010 formulierte: „Die religiöse Freiheit der Kirche ist heute auf eine Art und Weise bedroht, wie sie es weder in der nationalsozialistischen noch in der kommunistischen Ära gewesen war." Und warum ist das so? Antwort: „Es existiert eine Art innere Logik, die vom Relativismus zur Repression führt. Dies erklärt auch das Paradoxon, warum die westlichen Gesellschaften zwar Toleranz und Respekt für Andersartige predigen, aber ein Leben nach der katholischen Lehre [sagen wir lieber: nach der christlichen Lehre, d. Verf.] aggressiv untergraben. Diese Toleranzprediger können nicht akzeptieren, dass die Kirche manche Gedanken und Verhaltensweisen nicht tolerieren darf, weil sie uns entmenschlichen und unsere menschliche Würde nehmen. Die Lehre, alle Wahrheiten seien relativ, kann es nicht zulassen, dass einige Wahrheiten nicht unter diesen Relativismus fallen."[112]

Jetzt schon existiert ein eklatantes Missverhältnis zwischen Toleranz und Wahrheit. Von einer Bürgerreligion, die noch mehr Relativismus, Toleranz, wenn nicht sogar Akzeptanz einfordern würde, kann ein Christ darum auch nichts Gutes erwarten. Für ihn gilt: In Christus „liegen verborgen alle Schätze der Weisheit und der Erkenntnis" (Kol. 2,3) und: „In ihm wohnt die ganze Fülle der Gottheit leibhaftig" (Kol. 2,9). Er ist nicht auf eine Ergänzung durch andere Religionen und menschliche Weisheiten und Ideologien (wie z. B. den Marxismus) angewiesen. Allerdings muss er sich „die Tiefe des Reichtums, beides, der Weisheit und Erkenntnis Gottes" (Röm. 11,33) erschließen bzw. schenken lassen. Ein Christ kann sich allenfalls durch andere Religionen anregen lassen, seine eigene besser kennenzulernen und ihr Verständnis zu vertiefen. Gewiss gibt es Schnittmengen mit anderen Religionen und Anschauungen. Das ist aber nicht weiter verwunderlich, denn keine Gemeinschaft, und sei es die größte Räuberbande, kann ohne eine gewisse Anständigkeit und Barmherzigkeit existieren; sie würde sofort zerfallen. Gerade dadurch zeigt sich auch die Allgemeingültigkeit des christlichen Glaubens.

Es erscheint angebracht, an dieser Stelle der EKD einmal die Theologische Erklärung von Barmen vom 31. Mai 1934 ins Gedächtnis zurückzurufen, wo es als Erstes heißt: „‚Ich bin der Weg und die Wahrheit und das Leben; niemand kommt zum Vater denn durch mich' (Joh. 14,6). ‚Wahrlich, wahrlich ich sage euch: Wer nicht zur Tür hineingeht in den Schafstall, sondern steigt anderswo hinein, der ist ein Dieb und Mörder. Ich bin die Tür; so jemand durch mich eingeht, der wird selig werden' (Joh. 10,1 und 9). Jesus Christus, wie er uns in der *Heiligen Schrift* bezeugt wird, ist das eine Wort Gottes, das wir zu hören, dem wir im Leben und im Sterben zu vertrauen und zu gehorchen haben. Wir verwerfen die falsche Lehre, als könne und müsse die Kirche als Quelle der Verkündigung außer und neben diesem einen Wort Gottes auch noch andere Ereignisse und Mächte, Gestalten und Wahrheiten als Gottes Offenbarung anerkennen."

Das erträumte zivilreligiöse Multikulti-Idyll würde ohnehin nicht funktionieren. Der Islam ist von seinem Wesen her ganz auf die totale Gestaltung des öffentlichen Lebens ausgerichtet – und das Christentum indirekt über eine Gewinnung der Herzen auch. Und es gäbe genug Dinge, die man um der Wahrheit und Menschenliebe willen entschieden bekämpfen müsste und niemals tolerieren oder sogar akzeptieren könnte.

Zudem muss man damit rechnen, dass vieles an Gegensätzen, was früher durch eine gemeinsame Religion und Volksgemeinschaft abgemildert wurde, weil man doch durch ein gewisses Zusammengehörigkeitsgefühl miteinander verbunden war, nun in voller Wucht ungebremst aufeinandertrifft.

Diesen Spannungen will man durch eine Harmonisierung der Gegensätze entgegenwirken. Wer sich dem entgegenstellt, skeptisch ist und uneingeschränkt bei den Bekenntnissen der Christenheit bleibt, wird als Friedensstörer, Querulant, Fundamentalist, Dialogverweigerer etc. angesehen, vielleicht sogar als „Menschenfeind" und „Hassprediger".

Man wird als Christ heute nicht direkt den Löwen vorgeworfen. Das Wesen der heutigen Christenverfolgung ist raffinierter und verdeckter. Es liegt nicht einmal in der Unterdrückung von christlichen Begriffen, sondern in ihrer inhaltlichen Veränderung. Auch ein formeller Verzicht vom Glauben wie im Kommunismus wird von niemandem mehr verlangt werden. Man soll nur die Sicht- und Handlungsweise der Kulturrevolutionäre übernehmen, dann kann man seine christlichen Vokabeln ruhig behalten. Dann wird man auch nicht verfolgt, sondern geehrt. Verweigert man sich aber, kann es im Einzelfall schon heute sehr hart und existenzvernichtend werden.

Wir wissen heute noch nicht, wie weit sich die kulturrevolutionäre Bewegung durchsetzen wird. Es gibt bereits auch starke Gegenbewegungen der Bürger von unten, z. B. die europäische Bürgerinitiative „Vater, Mutter, Kind", die mit einer Million Unterschriften (die sie bald erreicht hat) der Auflösung der Familie entgegenwirken will. Sie tritt für folgende Definition von Ehe und Familie im EU-Gemeinschaftsrecht ein: „Die Ehe ist der Lebensbund zwischen einem Mann und einer Frau, und die Familie gründet sich auf Ehe und Abstammung." Auch anderweitig formiert sich Widerstand.

Sollte sich die Kulturrevolution aber doch durchsetzen, dann prognostiziert Wladimir Palko folgendes: „Falls nun doch eine Weltregierung entstehen sollte, wissen wir schon jetzt, wie sie sein wird. [...] Diese Regierung wird nicht hierarchisch-vertikal geordnet sein, sondern eher eine Netzwerkstruktur haben. Ihre Elemente werden aus Menschen bestehen, die sich verbinden und ähnliche Tätigkeiten aufgrund eines stillen gegenseitigen Einverständnisses ausüben werden. [...] Diese Regierung wird sich zur totalen Befreiung des Menschen von Gott bekennen, angelehnt an die Philosophie des ‚New Age'. Sie wird ‚holistisch' sein, sich also mit der Menschheit, der Gesellschaft und dem Globus als Ganzes beschäftigen, in denen sich der Einzelne verlieren wird. Sie wird auch ein bisschen ‚gnostisch' sein. Ihre bedeutenden Mitglieder werden sich selbst für diejenigen halten, die wissend sind, im Unterschied zur Mehrheit derjenigen, die unwissend sind. Deshalb werden sie beispiellos stolz sein. Sie wird innerlich zwiespältig sein, aber von einem festen Zusammenhalt, nämlich dem Widerstand gegen die alten Ordnungen geprägt sein. Und wer repräsentiert diese alten Ordnungen? Die alten Ordnungen repräsentiert das Christentum, und es ist gerade das Christentum, das die Revolution für ihren Feind hält. Selbstverständlich wird sie gegen das Christentum nicht blutig vorgehen. Haben Sie keine Angst, es wird nur mit einer sanften Verfolgung beginnen. Aber es wird eine Verfolgung sein. Die Löwen kommen."[113]

Am Vorabend seines Todes telefonierte Karl Barth mit seinem Freund Eduard Thurneysen. Die beiden Theologieprofessoren sprachen über Gott und die Welt. Im Verlauf des Gesprächs sagte Barth: „Es wird regiert." Und er fuhr fort: „Nur ja die Ohren nicht hängen lassen…" Er meinte damit, dass sich Gott nicht ausschalten lässt. Oder biblisch gesprochen: „Wo der Herr nicht das Haus baut, so arbeiten umsonst, die daran bauen" (Ps. 127,1).

Der Turmbau zu Babel, der „bis in den Himmel reichen" sollte, also in Gottes Bereiche, der Gott ablösen und durch menschliche Herrschaft, Weitsicht, Größe und Macht ersetzt werden sollte, endete trotz der gewaltigen Anstrengung und Einigung für dieses Mammutunternehmen in einem totalen Fiasko. Es hieß zu Beginn, „Wir wollen uns einen Namen machen, denn wir werden sonst zerstreut in alle Länder", und war somit ein Einigungsprojekt, heraus kam aber das Gegenteil: eine totale Sprachverwirrung und ein Auseinanderfallen der menschlichen Gemeinschaft. Keiner verstand mehr den anderen (Gen. 9). Gottlose Bestrebungen laufen sich tot, denn „der Sünde Sold ist der Tod" (Röm. 6,23).

Konkret haben wir gesehen, wie der Kommunismus und der Nationalsozialismus zusammenbrachen, freilich unter millionenfachen Opfern und unendlichem Leid. Mit eigenen Augen konnten wir wahrnehmen, wie sich das Bibelwort bewahrheitete: „Du musst innewerden und erfahren, was es für Jammer und Herzeleid bringt, den Herrn, deinen Gott zu verlassen und ihn nicht zu fürchten" (Jer. 2,19).

Andere gottlose Bestrebungen werden ebenfalls scheitern, auch wenn sie zunächst als harmlos erscheinen. Der amerikanische Psychologe Dr. Leo Alexander, der im Nürnberger Kriegsverbrecherprozess auftrat, sagte: „Das Ausmaß, das diese Verbrechen letztendlich angenommen haben, ist beträchtlich. Aber für alle Ermittler ist offensichtlich geworden, dass diese Verbrechen klein angefangen haben. Zu Beginn waren es ganz kleine Schritte, es entstand als Grundeinstellung der Euthanasie-Bewegung der Gedanke, dass es so etwas wie lebensunwertes Leben gibt."[114] Auch das geschah damals unter dem Vorzeichen des Humanismus, wie man z. B. in dem Propagandafilm *Ich klage an* sehen konnte. Genau dieser Gedanke verbreitet sich aber wieder zunehmend über die westliche Welt und bringt eine Kultur des Todes mit sich, die nicht nur auf ganz Junge und ganz Alte beschränkt bleiben wird. Gottlosigkeit hat immer den Keim des Todes in sich und ist deswegen zugleich immer auch Torheit.

Wladimir Palko, der welterfahrene Politiker, urteilt: „Historiker werden einst über unsere Zeit schreiben, damals hätten verrückte Menschen gelebt. Obwohl sie keine Kinder hatten, haben sie unentwegt die Abtreibung verteidigt und behauptet, die Ehe hätte nichts mit Zeugung und Erziehung von Kindern zu tun." Dabei ist doch offensichtlich und schon schmerzhaft spürbar, dass eine Gesellschaft, die nicht imstande ist, sich zu reproduzieren, „ein großes Problem hat, das sich nicht verheimlichen lässt."[115]

Und weiter werden die Historiker wohl schreiben, die „verrückten Menschen" hätten wie *Hans im Glück* immer wieder die wertvollen Güter gegen minderwertige eingetauscht, Gewichtiges gegen Leichtes. Sie hätten ein über viele Jahrhunderte hinweg aufgebautes und kulturell geformtes Land für eine Utopie dahingegeben, die nicht hielt, was sie versprach. Sie hätten die natürliche Liebe zu diesem Land und den Stolz auf seine großen Leistungen stets verteufelt, immer nur das Schlechte hervorgehoben und dennoch erwartet, dass man sich in diesem Land wohlfühlen solle. Sie hätten statt stabiler Ehe- und Familienverhältnisse instabile und verschwommene propagiert. Sie hätten ihre Kinder nicht behütet und kindgemäß reifen lassen, sondern wären mit verunsichernden ideologischen Sexualvorstellungen in die Kinderwelt eingebrochen.

Sie hätten nicht auf die Warnung Luthers gehört, dass das Evangelium auch aus einem Land verschwinden kann, denn „Undank und Verachtung werden es nicht bleiben lassen". Sie hätten, statt beim Evangelium Christi zu bleiben, sich mit fremden Göttern eingelassen und in religiösen, widersprüchlichen Mischformen ihr Heil gesucht. Sie hätten Götzen wie dem Mammon einen so hohen Rang eingeräumt, dass die wahren Werte dabei verschwanden. Sie hätten immer nur Toleranz propagiert, aber Wahrheit und Recht darüber vergessen. Sie hätten an den Fortschritt geglaubt, aber dabei nicht gemerkt, wie alles immer mehr zurückging und verkam.

„Haben Sie nichts vom Rückgang des Niveaus in unseren Schulen bemerkt?", schreibt Wladimir Palko. „Haben Sie nicht bemerkt, dass Kinder und Jugendliche, die unsere Grund- und Mittelschulen verlassen, weniger als vor 20 Jahren wissen? Darf man sich darüber wundern, wenn sie überall nur unverantwortliches Verhalten sehen und stets nur über ihre Rechte und nicht über ihre Pflichten belehrt werden? Wollen wir nicht wahrhaben, dass die Standards im Benehmen gesunken sind? Und wann werden wir zur Kenntnis nehmen, dass eine Familie mit Kleinkindern beim Einschalten des Fernsehers im Wohnraum feindliches Territorium betritt?

Wollen wir nicht wahrhaben, dass Europa zu keiner Einigung mehr im Stande ist, welchen kulturellen Minimalanforderungen Immigranten gerecht werden sollten, wenn sie hier eingebürgert werden wollen? Soll der Eignungstest darin bestehen, dass sie den Anblick von zwei sich küssenden Männern ertragen, so wie dies in Holland der Fall ist?

Und was steckt hinter den modernen Krisen: den Wirtschafts-, Schulden- und Währungskrisen? Ist es nicht etwa die Sehnsucht, alles sofort haben zu wollen – auch um den Preis um Verschuldung? Und gilt Gleiches nicht auch für die anthropologische Revolution? Ist die Abtreibungsepidemie nicht ein Leben auf Kosten künftiger Generationen? Ist die Euthanasie nicht ein Leben auf Kosten künftiger Generationen? Ist die Euthanasie nicht ein Leben auf Kosten der Elterngeneration? Sind die Tausenden von plündernden Vandalen in den Straßen der britischen Städte im Sommer 2011 nicht eine Konsequenz der zerfallenden Familien, in denen ein fester Bund zwischen Vater und Mutter fehlt? Ist nicht die Auflösung der Familie ein Leben auf Kosten der anderen? [...] Die Revolution hat viele böse Früchte hervorgebracht."[116]

Will also jemand im Ernst behaupten, irgendetwas sei durch die Kulturrevolution wirklich besser geworden (außer der gesellschaftlichen Anerkennung von Schwulen und Lesben), die Lebensqualität sei gestiegen, der Wohlstand gewachsen, die Bildung vermehrt, die Sicherheit verbessert, der Zusammenhalt gefestigt worden? – Nein! „Verrückte Menschen" haben alles zum Schlechteren gekehrt.

Die Kulturrevolution hat unter Mitwirkung der EKD inzwischen solche Formen angenommen, dass es selbst linksliberalen Medien nicht mehr geheuer ist. So erklärt z. B. der Berliner *Tagesspiegel* am Beispiel des Genderismus: „Was herauskommt, wenn selbsternannte Fortschrittskräfte die kulturelle Herrschaft übernehmen, lässt sich in Berlin im rot-rot-grünen Koalitionsvertrag studieren. ‚Gender-Mainstreaming' ist dort tatsächlich eine Vorgabe für die Verkehrspolitik. Über viele Seiten hinweg werden Instrumente ausgebreitet, mit denen die Lage von Lesben, Schwulen, Bi- und Transsexuellen, Transgender, Intersexuellen und Menschen, die sich als Queer verstehen, verbessert werden soll. Zusammengefasst sind die Gruppen im Koalitionsvertrag unter dem Kürzel ‚LSBTTIQ*' (das Sternchen steht für alle weiteren, nicht explizit genannten Formen von Nicht-Heterosexualität, d. Red.). Auch wird vorgeschrieben, wie ‚Diversity- und Queerkompetenz' in Verwaltung und Schulen durchgesetzt werden soll. Kurz: Es liest sich wie ein Katalog staatlicher Umerziehung und kultureller Hybris."[117]

Was ist abschließend zu sagen? Nun, für den Christen steht fest: „Dass Jesus siegt, bleibt ewig ausgemacht, sein wird die ganze Welt" (Johann Christoph Blumhardt). Darum kann es keine letzte Verzweiflung und Hoffnungslosigkeit geben.

Kommunismus, Nationalsozialismus und andere menschliche Anmaßungen gegen den offenbarten Willen Gottes schienen übermächtig und unbesiegbar zu sein, dennoch fanden sie ihr Ende, wenngleich unter Hinterlassung riesiger Kollateralschäden.

Auch die heutige Kulturrevolution mit ihren widerchristlichen, heidnischen Zügen wird scheitern, schon allein an ihren inneren Widersprüchen, Irrationalismen und Absurditäten, denn Gottlosigkeit ist immer auch Torheit. („Die Toren sprechen in ihrem Herzen: Es ist kein Gott." Ps. 14,1)

Womöglich kommt es dann zu noch schwerwiegenderen zerstörerischen Folgen als bisher, zu inneren Verwüstungen, tiefgehender Verstörung, Nihilismus und Chaos mit dann auch äußeren Folgen.

Es gibt nicht nur den sogenannten „lieben Gott", der heute gern in den Vordergrund geschoben wird, sondern auch den Gott des Gerichts von dem sowohl das *Alte* wie das *Neue Testament* unüberhörbar sprechen. „Irret euch nicht, Gott lässt sich nicht spotten, denn was der Mensch sät, das wird er ernten" (Gal. 6,7).

Ein Geschehnis ist typisch für die heutige Zeit: Als der in der DDR verfolgte, bekannte Pfarrer und Jugendevangelist Dr. Theo Lehmann, der Zensur aus dem kommunistischen Staat bestens kannte, in einem für das ZDF aufgezeichneten Gottesdienst das Gericht Gottes erwähnte, musste er später feststellen, dass der kirchliche Fernsehbeauftragte, ein Pfarrer, ihm das ohne Rücksprache und Erlaubnis herausgeschnitten hatte. (Ähnliches passierte dem weltweit angesehenen Evangelisten Ulrich Parzany. Hier beanstandete der kirchliche TV-Beauftragte eine Passage über den stellvertretenden Kreuzestod Christi, doch konnte er nichts mehr machen, da der Gottesdienst live ausgestrahlt wurde. Parzany wurde aber nicht mehr eingeladen.)[118] So wird heute die Botschaft der *Bibel* weichgespült, um die Menschen nicht mit Forderungen zu konfrontieren und zu beunruhigen. Wie die Erfahrung zeigt, werden sie aber noch weit mehr beunruhigt sein, wenn sie die Warnung vor dem Gericht Gottes ignorieren.

Auch theologisch ist man also mit leichterem Gepäck unterwegs. Man hört lieber angenehmere Dinge und lässt sich gern auf seinem Weg bestätigen. Wer da nicht mitmacht, erfährt Widerstand. Deswegen ist Märtyrer und Zeuge dasselbe Wort. Es ist einfacher, den Menschen das zu sagen, was sie hören wollen. Aber es ist nicht verantwortlicher. „Des Weisen Herz weiß um Zeit und Gericht. Denn jedes Vorhaben hat seine Zeit und sein Gericht, und des Menschen Bosheit liegt schwer auf ihm" (Pred. 8,5 und 6). Wenn man auf Warnungen nicht hört, wird man die Folgen zu tragen haben.

Noch einmal Wladimir Palko, dem wir uns anschließen: „Man kann nicht unendlich lang die wesentlichen Regungen, die Menschen in ihren Herzen tragen, unterdrücken. Es ist nicht möglich, das menschliche Leben wie etwas Materielles zu manipulieren. Es ist nicht möglich, sich als Gott aufzuspielen. Es ist nicht möglich, die Familie zu missachten, die bisher stets eine Basis für die Gesellschaft gewesen ist. Es ist nicht möglich, den Menschen ununterbrochen Rechte zuzusprechen und ihnen ihre Pflichten zu verschweigen und die sich daraus ergebende Unverantwortlichkeit auch noch als Freiheit zu bezeichnen. Es ist nicht möglich, das Leid der Menschen zu beklagen und sie gleichzeitig auf einen Weg zu führen, der sie zerstört. Es geht auf Dauer nicht, die Kinder gegen die Eltern aufzuhetzen und die Tradition zu verachten. Es ist nicht möglich, die Existenz der Wahrheit zu leugnen, sonst wird alles irrational. Es ist auf lange Sicht nicht möglich, ununterbrochen menschliche Schwächen zu unterstützen, die zur Lähmung der Gesellschaft führen. Es ist nicht möglich, Menschen dafür zu bestrafen, dass sie nach ihrem Gewissen leben wollen. Man kann dies lange so treiben, aber es kommt der Moment, da geht es nicht mehr. [...] In Washington beteiligten sich 2011 400.000 Menschen an einem Marsch für das Leben. Sie alle teilen die Vision, dass sie in diesem größten moralischen Konflikt unserer Zeit siegen werden. Wollen nicht auch Sie dabei sein?

Wir stehen in einer großen kulturellen Wende, die über die Kontinente hinweg stattfindet. Man darf sich nicht mit ihr abfinden und muss sich aber auch nicht vor ihr fürchten. Man muss sie aushalten. Wir müssen uns gegenseitig unterstützen. Verlieren wir nicht den Glauben und den Humor! Glauben wir nicht an unsere Überlegenheit. Vergessen wir nicht, dass wir keine Heiligen sind. Wir sind gewöhnliche Menschen, die Fehler machen, die aber wissen, dass ihr Kampf nicht nur ein menschlicher Kampf ist.

Demütig und friedlich kämpfen wir unseren Kampf."[119]

* * *

Anmerkungen

1 *Junge Freiheit,* Nr. 2/16, S. 24
2 *Junge Freiheit,* Nr. 25/16, S. 3
3 *Junge Freiheit,* Nr. 9/16, S. 18
4 In der *Zeit*-Beilage *Christ und Welt* vom 24.11.2016
5 Weimarer Ausgabe II, 1815
6 Alice Schwarzer: *Der Schock. Die Silvesternacht von Köln,* S. 28
7 *Junge Freiheit,* Nr. 40/16, S. 1
8 *Junge Freiheit,* Nr. 38/16, S. 2
9 *Idea Spektrum,* Nr. 42/2016, S. 6
10 Umfrage des Meinungsforschungsinstituts INSA-Consulere, Erfurt
11 *Junge Freiheit*, Nr. 37/16, S. 3
12 Auf Facebook am 07.09.2016
13 *Junge Freiheit*, Nr. 41/16, S. 3
14 Vgl. *Idea Spektrum*, Nr. 41/2016, S. 23
15 A.a.O.
16 *Idea Spektrum,* Nr. 40/2016, S. 19
17 Nach BAG Wohnungslosenhilfe e. V.
18 *Der Spiegel,* Nr. 33/2016, S. 30
19 News, t-online.de
20 *Junge Freiheit,* Nr. 36/15, S. 5
21 *Junge Freiheit,* Nr. 33/16, S. 5
22 *Der Spiegel,* Nr. 33/2016, S. 21

23 Konrad Adam: *Die Kinderfeinde. Ausbeutung von Eltern durch Transfersysteme, Junge Freiheit,* Nr. 43/16, S. 18
24 *Junge Freiheit,* Nr. 37/16, S. 10
25 *Rhein-Zeitung,* 31.10.2016
26 Trends in International Mathematics and Science Study
27 Errechnet aufgrund der EZB-Angaben von www. Friedemann-seebass.de/Politik/Reichstes Land html.
28 Vgl. Hans Thomas: *Unbequeme Wahrheiten. Vom Niedergang Deutschlands,* S. 22ff.
29 *Junge Freiheit,* Nr. 49/2016, S. 17
30 *Der Tagesspiegel,* 08.06.2016
31 Claudius Seidl: *Das Problem mit den weißen alten Männern,* in: *FAZ,* 27.07.2016
32 *Junge Freiheit,* Nr. 35/16, S. 7
33 *Focus,* Nr. 29/2016, S. 53
34 *FAZ,* 08.07.2015
35 *Idea Spektrum,* Nr. 39/2016, S. 13
36 *Idea Spektrum,* Nr. 30/2016, S. 6f.
37 *Idea Spektrum,* 24.09.2015
38 Vgl. auch Hans Thomas: *Die multikulturelle Gesellschaft, die Kirchen und die Deutschen,* S. 78
39 *Basler Zeitung,* a.a.O.
40 *Junge Freiheit,* Nr. 26/16, S. 4

41 *Unerkannt in Flüchtlingsheimen. Was Christen alles erleben*, in: *Idea Spektrum,* Nr. 45/2016, S. 16f.

42 *Junge Freiheit,* Nr. 34/16, S. 3

43 *Focus,* 16.07.2016, S. 122

44 *FAZ,* 04.07.2016

44 *Rhein-Zeitung,* 04.07.2016

45 Markus Brandstetter: *Der Mittelstand – Kern deutschen Wirtschaftslebens. Einzigartig auf der Welt*, in: *Junge Freiheit,* Nr. 28/2016, S. 18

46 *Rhein-Zeitung,* 03.08.2016, S. 1

47 www.ahmad-mansour.com/de

48 *Homo-Ehe in Europa. Ein Überblick*, in: *euronews,* 21.05.2015

49 Hedwig von Beverfoerde: *Unter Dauerfeuer, Junge Freiheit,* Nr. 37/16, S. 18

50 Informationsbrief der Bekenntnisbewegung: *Kein anderes Evangelium,* Nr. 299, August 2016

51 Vgl. Dirk Kuttner: *Luthers Eheverständnis*, www.Pfarrerblatt de/text-224.htm

52 Dietrich Bonhoeffer: *Ethik*, S. 394

53 Praesesblog: www.ekir.de

54 Wladimir Palko: *Die Löwen kommen*, S. 484

55 Wladimir Palko, a.a.O., S 498

56 *Evangelische Verantwortung,* Nr. 9 und 10/2016, S. 9ff.

57 *Der Spiegel,* Nr. 31/2016, S. 36

58 Wikipedia, Stichwort: Christl Ruth Vonholdt
59 *Junge Freiheit*, Nr. 34/16, S. 3
60 Ebda.
61 Ebda.
62 Wladimir Palko, a.a.O., S. 317
63 Die Predigt ist nachzulesen bei: www. Efk-riedlingen.de
64 Kath. net/news vom 23.07.2016
65 Kath. net/news vom 11.03.2016
66 Wladimir Palko, a.a.O., S. 34, 84 und 161
67 Ralf Georg Reuth / Günther Lachmann: *Das erste Leben der Angela M.*, S. 13
68 Ebda. S.118
69 Ebda. S.118f.
70 Ebda. S.13f.
71 *Focus*, Nr. 48/16, S. 29
72 Reuth / Lachmann, a.a.O., S. 286
73 *Acta diurna*, 20.11.2016
74 *Focus*, Nr. 48/16, S. 30
75 A.a.O., S. 288-290
76 Wladimir Palko, a.a.O., S. 116f.
77 Wikipedia, Stichwort: Hanns Joachim Friedrichs
78 Torsten Hinz, in: *Junge Freiheit,* Nr. 43/16, S. 1
79 Bernd Schwipper: *Deutschland im Visier Stalins,* 2015
80 *Die Welt,* 16.11.2016

81 *Pro Christliches Medienmagazin,* Nr. 6/2016, S. 4
82 *Jüdische Rundschau,* 21.11.2016
83 *Junge Freiheit,* Nr. 47/16, S. 1
84 Tim Anderson: *Der schmutzige Krieg gegen Syrien: Washington, Regime Change, Widerstand.*
85 Benedikt XVI.: *Letzte Gespräche,* S. 240
86 *Junge Freiheit,* Nr. 16/15, S. 3
87 *Die Meinung der Anderen,* in: *Pro Christliches Medienmagazin,* Nr. 5/16, S. 33ff.
88 *Junge Freiheit,* Nr. 36/16, S. 1
89 Laut *welt-online* vom 30.09.2016
90 *Pro,* a.a.O., S. 36
91 *Weltwoche,* 10.08.2016
92 Interview in der *Jungen Freiheit,* Nr. 43/16, S. 3
93 *Focus Money,* Nr. 28/2013
94 Steinhöfel, a.a.O.
95 *Was macht der Bischof im Moscheeverein?,* in: *Cicero-online*
96 *Spiegel-online*
97 *Bild-de*
98 *Idea Spektrum,* Nr. 47/16, S. 3
99 Jakob Tscharntke: *Einordnung der Zuwanderung aus biblischer Sicht,* Lichtzeichen-Verlag, 1. Aufl. 2015
100 Vgl. *Heiliger Krieg und Frohe Botschaft. Islam und Christentum: der große Gegensatz,* Lindenbaum 2016

101 *Idea Spektrum*, Nr. 43/16, S. 9

102 *Die Welt,* 07.11.2016

103 *Idea Spektrum*, Nr. 46/16, S. 16

104 Bei Martin Haug: *Er ist unser Leben*, S. 875

105 *Idea.de*, 03.11.2016

106 *Islam und Muslime aus der Sicht Luthers*, in: *Mitteilungsbatt der Karmelmission*, Heft 2/2016, S. 6

107 Bernhard Grümme: *Öffentliche Religion*, bei: Bibelwissenschaft.de

108 Wikipedia, Stichwort: John Rawls

109 Carl Schmitt: *Der Begriff des Politischen*, 1932, S. 55

110 Wladimir Palko, a.a.O., S. 300

111 Ebda., S. 243

112 Ebda., S. 385f.

113 Ebda., S. 307

114 Ebda., S. 276

115 Ebda., S. 487

116 Ebda., S. 487f.

117 *Der Tagesspiegel,* 11.12.2016

118 Ulrich Parzany: *Dazu stehe ich*, S. 183f.

119 Wladimir Palko, a.a.O., S. 497f.

Dr. Hans Alex Thomas
Unbequeme Wahrheiten
Vom Niedergang Deutschlands

Der Autor sieht Deutschland in einem äußeren und vor allem inneren Niedergang begriffen. Aus christlicher Sicht geht er den Ursachen nach, nennt Beispiele, verweist auf Zusammenhänge und bietet Lösungen an.
„Dem Zug der Lemminge, die, von Ideologien umnebelt und von Zweckpropaganda betäubt, dem Abgrund entgegentrotten, soll ein 'Halt!' zugerufen werden".
Dazu wird eine Fülle von Informationsmaterial angeboten, das den Leser in die Lage versetzen soll, sich besser gegen gefährliche Entwicklungen zu verteidigen.
120 Seiten, Paperback

ISBN: 978-3-86386-876-5
Bestell.-Nr.: 548449

www.lichtzeichen-shop.com